Primera edición: 1990
Segunda edición: 1991
Tercera edición: 1992
Cuarta edición: 1993
Quinta edición: 1994
Sexta edición: 1995
Séptima edición: 1995
Primera reimpresión: 1995
Segunda reimpresión: 1996
Tercera reimpresión: 1997
Cuarta reimpresión: 1997
Quinta reimpresión: 1998
Sexta reimpresión: 1998
Séptima reimpresión: 2000

Curso de Español para Extranjeros VEN 1 Libro de ejercicios

Francisca Castro Viudez
Agregada

Fernando Marín Arrese
Catedrático

Reyes Morales Gálvez
Catedrática

Soledad Rosa Muñoz
Agregada

D0771771

Diseño gráfico:
TD-GUACH
Ilustraciones:
TD-GUACH
Maquetación:
TD-GUACH
Fotomecánica y fotocomposición:
ART/KARMAT

I.S.B.N.: 84-7711-046-8
Depósito legal: M-5418-2000
Impresión: Rogar, S.A.
Encuadernación: Perellón
Impreso en España
Printed in Spain

GRUPO DIDASCALIA, S.A.
Plaza Ciudad de Salta, 3 - 28043 MADRID - (ESPAÑA)
TEL.: (34) 914 165 511 - FAX: (34) 914 165 411

ÍNDICE

Página

unidad 1

1. Haz la pregunta correcta:

1. A. ¿_Como te llamas_
   B. Juan Gómez.

2. A. ¿_Qué haces?_
   B. Soy secretaria.

3. A. ¿_De donde ~~eres~~ eres?_
   B. De Madrid.

4. A. ¿~~~~ _donde vibres_
   B. En Valencia.

5. A. ¿_eres francesa?_
   B. No, soy catalana.

6. A. ¿_¿en qué trabajas_ _~~Qué haces?~~_
   B. Soy diseñadora.

7. A. ¿...............................?
   B. No, soy andaluz.

8. A. ¿_Donde vives_?
   B. En Bilbao.

9. A. ¿_Como te llamas?_
   B. Carlos López.

10. A. ¿_De donde eres_?
    B. Soy valenciano.

2. Completa:

1. A. ¿_eres tú_...... española?
   B. No, soy argentina.

2. A. ¿Trabajas._en_..... Buenos Aires?
   B. No, trabajo..._en_...... Madrid.

3. A. ¿_Qué_........ haces?
   B. Soy._estudiante_.de inglés.

4. A. ¿_como_........ te llamas?
   B. ..._mi_........... llamo María Jiménez.

3. Haz frases según el modelo:

Juan Gris es español.

1. Günter Grass es........._allemana_
2. Claudia Cardinale es...._~~francesa~~_ _italiana_
3. John Lennon es........._ingles_
4. Nina Hagen es........._allemana_
5. Jean-Paul Sartre es........._frances_
6. Pier Paolo Passolini es........._italiano_
7. Carmen Maura es.......................
8. Simone de Beauvoir es....._francesa_
9. Katherine Hepburn es........._americano_

4. Completa:

1. A. ¿De dónde......_eres_......?
   B. ......_en_...... Andalucía.

2. A. ¿Qué......?
   B. ......_soy_...... abogado.

3. A. ¿Cómo......_te llamas_......?
   B. Dolores Abril.

4. A. ¿Dónde......_vives_......?
   B. En Valladolid.

5. Completa el nombre de estas ciudades españolas:

 ......_Sev_.ILLA

 ..._bi_.BAO

 LA COR..._uña_

6. Lee los siguientes nombres, deletreándolos. Comprueba con la cinta:

1. ALONSO
2. VALENCIA
3. HERRERO
4. BADAJOZ
5. GUADALQUIVIR
6. ZARAGOZA

7. Responde con tus propios datos:'

1. ¿Cómo te llamas?

   ....

2. ¿Qué haces?

   ....

3. ¿Dónde vives?

   ....

4. ¿De dónde eres?

   ....

8. ¿Eres francés?

Sí, soy de París.

0. Francés / París.
1. Española / Valencia.
2. Alemán / Bonn.
3. Italiana / Milán.
4. Argentino / Córdoba.
5. Mexicano / Mérida.
6. Portuguesa / Lisboa.

9. ¿Te llamas Pablo?

No, me llamo Luis.

0. Pablo / Luis.
1. Juan / Antonio.
2. María / Ana.
3. Julia / Rosa.
4. Jorge / Álvaro.
5. Clara / Araceli.
6. Rubén / Fidel.

10. ¿Vives en Madrid?

No, en Valencia.

0. Madrid / Valencia.
1. Barcelona / Bilbao.
2. La Coruña / Valladolid.
3. Sevilla / Córdoba.
4. Murcia / Alicante.

h as aprendido a...

1) Preguntar y decir el nombre

2) Preguntar y decir el origen

3) Preguntar y decir la profesión

4) Preguntar y decir dónde vives

5) Confirmar información

6) Corregir información

7) Preguntar por una palabra en español

unidad 2

1. Tenemos dos personajes: Pedro Rentería y Lola Páramo. Sus datos están mezclados; ordénalos formando frases.

argentino,
de Bolivia,
abogado,

Directora de banco.
en La Paz,
en Buenos Aires.

Ejemplo: —Lola es boliviana.

—...

—...

Pedro Rentería.......................

....

....

2. Transforma estas frases:

TÚ	USTED
1. ¿Cómo te llamas?	....usted?
2. ¿De dónde eres?	....usted?
3. ¿Qué haces?	....
4. ¿Dónde vives?	....

3. Completa estos diálogos:

1. A. .... días, señor Barreiro, ¿cómo .... usted?
   B. ...., ¿y ....?

2. A. ¿.................. usted periodista?
   B. No, ... abogado.

3. A. ¿....................... usted en Lima?
   B. Sí, eso es.

4. A. ¿Cuál es .... número de teléfono, señor Castro?
   B. .... el 254 48 21

5. A. ¿Es .... enfermera?
   B. ...., soy periodista.

4. Forma frases tomando una palabra de cada columna:

María	se llama	estudiantes
nosotros	son	profesores
él	es	argentino
Juanjo	somos	en Puerto Rico
ellos	vive	Antonio Henríquez

5. Escribe en letras las respuestas:

dos + tres = ...

tres + uno = ...

cuatro + cinco = ...

seis + dos = ...

cuatro + tres = ...

ocho — ocho = ...

siete — seis = ...

nueve — siete = ...

siete — uno = ...

ocho — cinco = ...

6. ¿Cómo saludarías si te encontraras en las situaciones siguientes?

a)   Saludas a un amigo por la calle.

....

b)   Saludas al director de la empresa.

....

7. Contesta las preguntas con tus propios datos (confirma o corrige):

— ¿Eres francés (a)? ....

— ¿Vives en Italia? ....

— ¿Eres estudiante? ....

— ¿Estudias español, verdad? ....

— ¿Estudias también inglés, francés, alemán, italiano...?

8. Transforma según el modelo.

¿Cómo te llamas? ⟶ ¿Cómo se llama usted?

1.— ¿Dónde vives? ....

2.— ¿Eres de Madrid? ....

3.— ¿Estás de vacaciones? ....

4.— ¿Eres estudiante de español? ....

5.— ¿Trabajas en un banco? ....

6.— ¿Estudias en España? ....

9. Contesta según el modelo.

Pablo es colombiano, ¿y María? ⟶ María es colombiana también.

1.— Juan es mexicano, ¿y Guadalupe? ....

2.— Roberto es salvadoreño, ¿y Lucía? ....

3.— Carlos es venezolano, ¿y Tamara? ....

4.— Alberto es cubano, ¿y Perla? ....

5.— Mario es panameño, ¿y Delia? ....

6.— Miguel es hondureño, ¿y Patricia? ....

10. Escucha las frases y señala con una cruz si se refieren a:

	NACIONALIDAD	PROFESIÓN	NOMBRES
1.			X
2.			
3.			
4.			
5.			
6.			
7.			
8.			
9.			
10.			

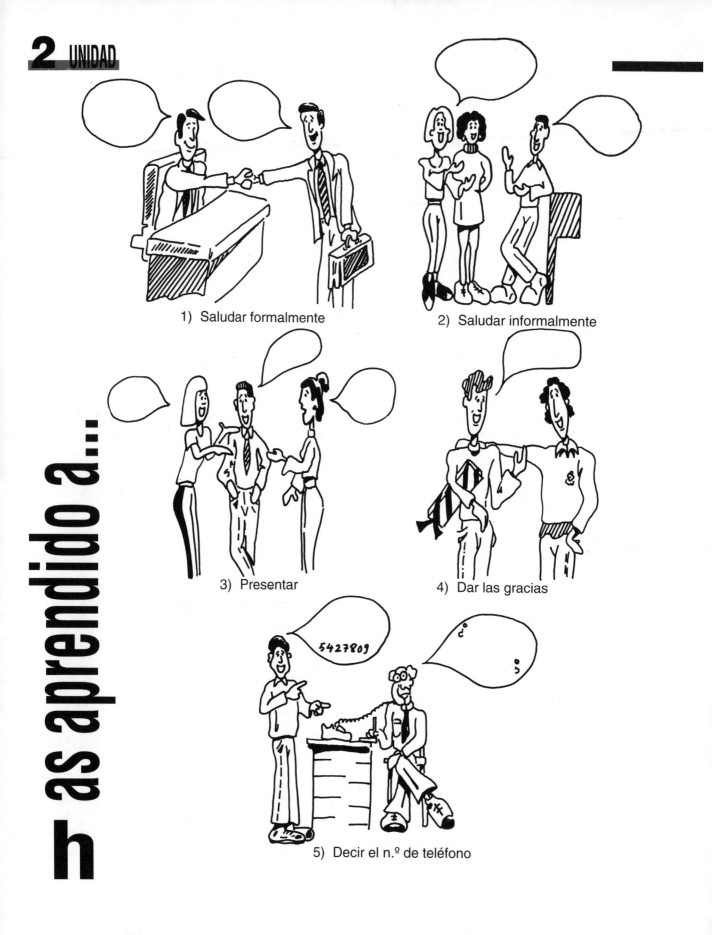

1) Saludar formalmente

2) Saludar informalmente

3) Presentar

4) Dar las gracias

5) Decir el n.º de teléfono

h as aprendido a...

unidad 3

1. Este es el dormitorio de Teresa. Contesta Verdadero o Falso.

A. La lámpara está en el suelo.

B. La ventana es pequeña.

C. El equipo de música está debajo de la ventana.

D. Las llaves están en la mesilla de noche.

E. Los libros están encima de la cama.

	V	F
A		
B		
C		
D		
E		

2. Escribe el adjetivo de significado contrario según el modelo.

1.— Mi casa no es antigua. Es moderna.
2.— El cuarto de baño no es pequeño. Es ....
3.— No es un piso exterior. Es ....
4.— La calle no es ruidosa. Es ....
5.— Mi casa no es fría. Es ....
6.— La cocina no es bonita. Es ....

3. En español, para los reyes y papas se usan los números ordinales hasta el diez, y se escriben con números romanos. Escribe con letra los siguientes números romanos.

Felipe II ....
Felipe V ....
Alfonso VIII ....
Carlos I ....
Alfonso IX ....

Carlos III ....
Fernando VI ....
Carlos IV ....
Fernando VII ....
Alfonso X ....

4. Este es el plano de una casa. Pon el nombre a cada habitación.

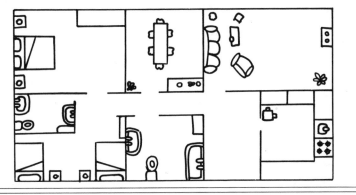

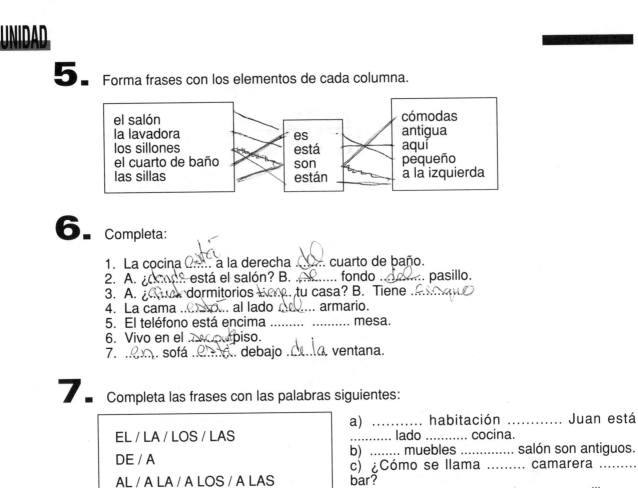

3 UNIDAD

5. Forma frases con los elementos de cada columna.

el salón	es	cómodas
la lavadora	está	antigua
los sillones	son	aquí
el cuarto de baño	están	pequeño
las sillas		a la izquierda

6. Completa:

1. La cocina *está* a la derecha *del* cuarto de baño.
2. A. ¿*dónde* está el salón? B. *Al* fondo *del* pasillo.
3. A. ¿*Cuál* dormitorios *tiene* tu casa? B. Tiene *cinque*
4. La cama *está* al lado *del* armario.
5. El teléfono está encima .... mesa.
6. Vivo en el *segundo* piso.
7. *en* sofá *está* debajo *de la* ventana.

7. Completa las frases con las palabras siguientes:

EL / LA / LOS / LAS
DE / A
AL / A LA / A LOS / A LAS
DEL / DE LA / DE LOS / DE LAS

a) .... habitación .... Juan está .... lado .... cocina.
b) .... muebles .... salón son antiguos.
c) ¿Cómo se llama .... camarera .... bar?
d) .... libros están encima .... sillas.
e) .... cuarto .... baño está .... izquierda .... cocina.

8. Completa las frases con los verbos siguientes:

tener / poner / estar / estudiar / trabajar / vivir / ser /

1. ¿Cuántas habitaciones .... tu casa?
2. ¿Dónde .... usted? ¿En un banco o en una Compañía de Seguros?
3. ¿De dónde .... ustedes? ¿De Bogotá?
4. Yo no .... los libros en el suelo.
5. Mi casa .... al lado de la Puerta del Sol.
6. Dónde .... usted? - En Madrid.
7. ¿................. ustedes en la Universidad de Sevilla?

9. Amuebla tu casa. Pones los nombres de los muebles que necesitas.

DORMITORIO	SALÓN	COCINA	COMEDOR
....	....	....	....
....	....	....	....
....	....	....	....

10. Escucha las preguntas y contesta usando la forma apropiada del adjetivo.

Ejemplo: 0 - bonito/a/os/as.   OYES: «¿Cómo es esta casa?».

CONTESTAS: «Es bonit**a**».

1.—¿Cómo es tu piso? .... (antiguo/a/os/as)
2.—¿Cómo son las habitaciones? .... (pequeño/a/os/as)
3.—¿Cómo es el sillón? .... (cómodo/a/os/as)
4.—¿Cómo son los muebles? .... (moderno/a/os/as)
5.—¿Cómo es el salón? .... (grande/s)
6.—¿Cómo es tu piso? .... (tranquilo/a/os/as)
7.—¿Cómo es el sofá? .... (incómodo/a/os/as)

 11. Escucha y subraya las erres (r) del texto:

r si es sencilla   —   r si es múltiple

A la izquierda del recibidor está el dormitorio de Rosa. Es grande y bonito pero ruidoso, y en verano es caluroso. Tiene tres estanterías con libros. La radio está en la mesita, a la derecha de la lámpara.

  **12.** Escucha los resultados de los partidos de balonmano.

Anota los resultados.

Holanda	México ....
U. Soviética	Francia ....
Italia	Argentina ....
España	Rumanía ....
R. F. Alemania	R. P. China ....

 **13.** Lupe quiere comprar un piso y llama por teléfono a los números de los anuncios. Escucha las conversaciones y rellena el cuadro.

	Número de habitaciones	precio en millones	¿exterior o interior?
Piso 1			
Piso 2			
Piso 3			

has aprendido a...

1) Localizar objetos

2) Pedir una descripción

3) Describir objetos

4) Preguntar y decir cantidades

unidad 4

1. Completa:

1.A. Perdone, ¿.............................. un hospital por aquí cerca?

   B. Sí, en la calle Velázquez. .... usted la tercera calle a la derecha y luego .... todo recto unos 100 metros.

2.A. Perdone, ¿el cine Rex .... en la calle Zurbarán?

   B. No, en la calle Sorolla.

3.A. ¿Cómo se .... a Correos?

   B. .... todo recto y luego .... la segunda a la izquierda.

4.A. ¿Cómo .... a tu casa?

   B. En autobús. .... el número 12 hasta la Castellana. Te .... en la quinta parada. Desde allí .... andando. Mi casa .... al lado de una farmacia.

2. ¿Qué hora es?

1. ....   3. ....   5. ....

2. ....   4. ....   6. ....

3. Escribe los números siguientes:

37.	328. ....
22.	1.150. ....
75.	8.877 ....
100.	16.932. ....
156.	25.550. ....

4. Completa con el verbo en la persona correcta:

1. ¿(IR, *nosotros*) .... esta tarde al Museo Picasso?

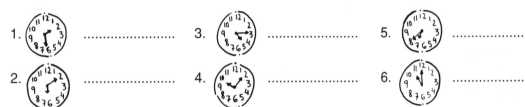

2. Normalmente, yo (VENIR) .... a la Escuela en autobús.

3. En España, los bares y las cafeterías (CERRAR) .... a las 12 de la noche.

4. A. ¿A qué hora (VENIR, *vosotros)* .... a casa?
   B. A las 10.

5.

	Yo	Él	Nosotros
IR	....	....	....
SEGUIR	....	....	....
COGER	....	....	....
CERRAR	....	....	....
VENIR	....	....	....

6.

Completa con la preposición correspondiente:

1. Yo vivo .... la calle Velázquez.

2. ¿De parte .... quien?

3. Está .... la derecha del sofá.

4. ¿Voy a tu casa .... metro?

5. Las gafas están al lado .... teléfono?

7.

Escucha y coloca las horas en el orden en que las oyes.

a) 11,45	d) 12,10	1.	4. ....
b) 3,40	e) 8,15	2.	5. ....
c) 7,50	f) 4,05	3.	6. ....

8.

Escucha la conversación y completa:

A. ¿Vienes esta noche a mi casa?

B. .... ¿.....................?

A. En metro, coges la línea 1 hasta Sagrera. Sales de la estación y muy cerca está mi casa.

B. ¿ ....?

A. En la calle Jacinto Verdaguer, 15, 2.º Izqda.

B. ¿ .... ?

A. A las 7,30.

B. ....

A. Hasta luego.

 **9.** A. Perdone, ¿hay un banco por aquí cerca?

B. Sí, hay uno en la calle Torrijos.

1. Oficina de Correos/Avda. Palacios.
2. Restaurante chino/calle Baleares.
3. Comisaría/Delicias.
4. Cine/Gran Vía.
5. Grandes almacenes/Plaza Cataluña.

 10. A. Por favor, ¿a qué hora abren los bancos?
B. A las 8,30.

1. Abren las farmacias/9,30.
2. Llega el vuelo de París/6,45.
3. Cierran los estancos/20,30.
4. Sale el autobús de la playa/11,55.
5. Abre el Museo Sorolla/9,45.

has aprendido a...

1) Dirigirte a un desconocido

2) Preguntar cómo ir a un lugar. Dar instrucciones

3) Dar las gracias. Responder

4) Preguntar si existe algún lugar o cosa. Responder

5) Preguntar y decir la hora. Responder

6) Preguntar por el horario. Responder

unidad5

1. Completa:

    1.A. ¿Qué............... tomar?

       B. Un .... queso.

       A. ¿.................... beber?

       B. Una .... cerveza

    2.A. ¿Qué quiere de............?

       B. Sopa.

       A. ¿Y de segundo?

       B. .... de ternera.

    3.A. ¿.....................?

       B. 850 pesetas.

    4.A. Por favor, ...

       B. ¿Solo o con leche?

       A. ....

2. Escribir frases tomando un elemento de cada columna:

A ella			ver la tele
A Juan	te	gusta	los deportes
A mí	me	gustan	las gambas
A ti	le		el jamón
A Elena			leer

3. Completa:

1. coge	1. ....
2. abre	2. ....
3.	3. coma
4. haz	4. ....
5.	5. cierre

6. ....
7. cállate
8. ....
9. dame

6. hable
7. ....
8. repita
9. ....

4. Completa con los verbos QUERER o PODER:

1. ¿Qué .... ustedes tomar?
2. ¿..................................... usted traer una cerveza, por favor?
3. ¿..................................... (tú) venir a mi casa?
4. ¿..................................... usted quitar la tele, por favor?
5. ¿..................................... usted hablar más bajo, por favor?
6. ¿..................................... (tú) ver mi coche nuevo?

5. A mí/mucho/el queso
A mí me gusta mucho el queso

1. A él/bastante/el jamón
2. A ti/nada/las aceitunas
3. A mí/no mucho/la cerveza
4. A ella/mucho/los helados
5. A él/bastante/las patatas fritas
6. A mí/nada/la carne
8. A ella/no mucho/el pescado

6. Fíjate bien. Estas frases se pueden oír en un bar o en un restaurante.

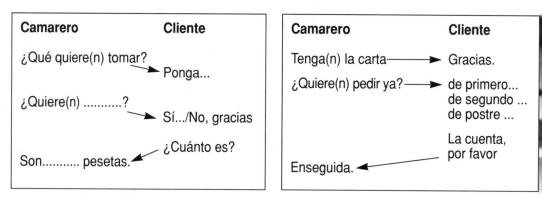

Ahora vas a escuchar 10 frases. ¿Dónde puedes oírlas, en un bar, en un restaurante...?

	1	2	3	4	5	6	7	8	9	10
bar	X									
restaurante										

7. Transforma las frases según el modelo:

Ej.: ¿Puedes coger el teléfono? ———➤ ¡Coge el teléfono!

1. ¿Puedes abrir la ventana?
2. ¿Puedes ponerme una caña?
3. ¿Puedes hacer la comida?
4. ¿Puedes cerrar la puerta?
5. ¿Puedes hablar más bajo?
6. ¿Puedes poner la tele?
7. ¿Puedes llamar a las 7?

8. Haz el mismo ejercicio con la forma usted.

Ej.: ¿Puede usted coger el teléfono? ———➤ ¡Coja el teléfono!

9. Ej.: Hablar más bajo ———➤ ¿Puedes hablar más bajo, por favor?

1. Poner la tele.
2. Cerrar el libro.
3. Traerme un vaso de agua.
4. Coger el teléfono.
5. Esperar un momento.

1) Preguntar por un deseo.
   Responder

2) Preguntar el importe.
   Responder

3) Pedir que alguien haga algo.
   Responder

4) Pedir la comida

h as aprendido a...

unidad 6

1. Completa con los verbos TENER o SER:

1) La señora Jiménez .... el pelo corto y rizado.
2) Mi profesor .... bastante antipático.
3) ¿ .... tu padre bigote y barba?
4) ¿Cuántos años .... tu hermano mayor?
5) ¿El presentador de televisión .... joven o mayor?
6) La amiga de Luisa .... muy divertida.

2. Mira el dibujo y escribe las respuestas:

A. ¿Cómo es tu jefa?

B. ....
....
....

A. ¿Y de carácter?

B. ....
....
....

3. Completa con los verbos siguientes:

empezar   acostarse   ir   comer   levantarse   salir   cenar

1.A. ¿A qué hora ....?
 B. Muy temprano, a las 7 de la mañana.
2.A. ¿Cómo .... al trabajo?
 B. En metro.
3.A. ¿A qué hora .... a trabajar?
 B. A las ocho y media.

4.A. ¿Dónde ....?
  B. En el restaurante de la empresa.
5.A. ¿A qué hora .... de trabajar?
  B. A las 3 de la tarde.
6.A. ¿Cuándo ....?
  B. A las 10 ó 10,30, y luego me ....

4.

Completa con MI, MIS, TU, TUS, SU, SUS.

1) Venimos a visitar a Belén González. Somos .... hermanas.

2) A. ¿Cómo están .... hijos?

   B. Muy bien. ¿Y .... hija Patricia?

3) A. ¿Qué tal, María Luisa?

   B. Bien, pero .... Nando está en el hospital.

4) Mira, te presento a .... mujer, Ana.

5) Los domingos como en casa de .... padres.

5.

Mira la mesa de trabajo de Miguel y escribe sobre su rutina diaria.

6. Mira el cuadro y completa las frases.

Jaime   M.ª Luisa

Fernando   Ana   Javier   Belén

Patricia   David   Bárbara   Oscar

1) Jaime .... cuatro ....

2) M.ª Luisa .... Ana.

3) Fernando .... con Ana.

4) Ana .... de Fernando.

5) Javier .... Patricia.

6) Belén sólo ....

7) Patricia .... mayor de Fernando

8) David .... dos ....

9) Bárbara .... Oscar.

10) Oscar no ....

7. Escucha y completa la agenda de Felisa Gómez para esta semana:

		hora	cita
LUNES	mañana		
	tarde		dentista
MARTES	mañana		
	tarde		
MIÉRCOLES	mañana		
	tarde		
JUEVES	mañana		
	tarde		
VIERNES	mañana		
	tarde		
SÁBADO	mañana		
	tarde		
DOMINGO	mañana		
	tarde		

8. Escucha y completa el diálogo.

A. Y dime, ¿cuántos ....?

B. Bueno, no .... hermanos, sólo .... Somos...............

A. ¿Dónde ....?

B. La mayor .... Barcelona. Está .... industria
catalán. .... bebé muy .... La pequeña y yo
.... en Bilbao. .... la misma compañía aérea.

A. ¿Vosotras ....?

B. Mi hermana .... Es muy joven. Tiene ....

A. ¿ .... ?

B. Bueno, yo estoy .... No tengo ....

9. Memoriza las edades de estas personas y contesta las preguntas de la cinta.

Iñaki, 43   Felisa, 39   David, 8   Javier, 27   M.ª Luisa, 70   Arancha, 19
Oscar, 2

h as aprendido a...

1) Describir a una persona

2) Hablar de acciones habituales

3) Preguntar y decir la edad

unidad 7

1. Sigue el modelo:

A. ¿Le gusta esta chaqueta?   B. Sí, me la llevo.

1.A. ¿Le gusta este abrigo?   B. ....

2.A. ¿Le gustan estos zapatos?   B. ....

3.A. ¿Le gusta esta blusa?   B. ....

4.A. ¿Le gusta esta falda?   B. ....

5.A. ¿Le gustan estos pantalones? B. ....

6.A. ¿Le gusta este jersey?   B. ....

2. Sigue el modelo:

A. A Enrique le gustan los zapatos anchos. No le gustan los estrechos.

1. A mí me gustan los abrigos largos; no ....

2. A María le gustan los restaurantes caros; no ....

3. A Juan le gustan los coches grandes; no ....

4. A Montse le gustan los sillones cómodos; no ....

5. A mis hermanos les gustan las camisas estampadas; no ....

3. ¿De qué color son en tu país...

— ... los taxis?

— ... la bandera?

— ... tu línea de metro?

— ... los autobuses?

— ... los uniformes de la policía?

4.

5. Escucha y completa:

—Buenos días, señora, ¿qué desea?

—Buenos días. Quiero dos .... y un .... de cebollas.

—Aquí tiene. ¿Algo más?

—Sí, quiero también fruta: un .... y otro de ....

—Ya está. ¿Qué más?

—Un ...., dos .... y una ....

—Tenga, ya está todo.

—Un momento, se me olvidaba, una .... vino y un ....

6. Abrigo/bonito. ⟶ Mira este abrigo. ¡Qué bonito!

1. Falda/corta.

2. Zapatos/cómodos.

3. Camisa/barata.

4. Chaqueta/elegante.

5. Pantalones/modernos.

7. Pantalón. ⟶ Me gusta este pantalón, ¿qué te parece?

1. Zapatos.

2. Traje.

3. Camisetas.

4. Vestido.

5. Corbata.

8.  Traje azul/marrón. ——→ ¿Te gusta el traje azul? No, prefiero el marrón.

1. Zapatos negros/blancos.

2. Coche gris/rojo

3. Blusa de seda/de algodón.

4. Falda de ante/de cuero.

5. Bolso pequeño/grande.

9. No compra la leche. ——→ No la compra.

1. No quiere este café.

2. No abro la lata de aceitunas.

3. No pagas mi cuenta.

4. No pide el postre.

5. No compro estos fríjoles.

1) Preguntar por el precio y responder

2) Pedir permiso

h as aprendido a...

3) Llamar la atención sobre algo

4) Pedir la opinión sobre gustos y responder

5) Expresar preferencias y justificarlas

unidad 8

1. Completa utilizando el presente continuo:

1.A. ¡Diga!

   B. Juan, ¿qué haces?

   A. (VER) .... la tele.

2.A. ¿Y los niños?

   B. (JUGAR)... en el parque.

3.A. ¿Se puede poner al teléfono el señor Martínez?

   B. Lo siento, (COMER)...............................

4.A. ¿Está Fernando?

   B. Sí (ESTUDIAR).. porque mañana tiene un examen.

5.A. Ven un momento, ¿qué estás haciendo?

   B. (LEER)... el periódico.

2. Completa con: vienes, vale, tengo que, lo siento, venga.

A. ¿................. al bar de al lado a tomar un café?

B. ...., no puedo .... llegar a casa antes de las 2.

A. ...., hombre, vamos aquí al lado.

B. ....

3. Forma frases con:

Yo		ir a clase
David		llamar por teléfono
vosotros	tener que	estudiar más
Gonzalo y yo		comprar la carne
Ud.		trabajar
tú		cambiar dinero

4. Lee el texto y responde:

Ana: ¿Quieres venir esta tarde conmigo al teatro? Hay una obra de A. Gala.

Marta: Lo siento, pero no puedo; tengo que ir con mi madre al médico.

Ana: ¿Por qué no va tu hermana?

Marta: Porque no puede. Ella trabaja hasta muy tarde.

Ana: Podemos ir mañana, ¿no?

Marta: De acuerdo. Mañana hablamos.

¿Verdadero o falso?

1. Ana le propone a Marta ir al cine.

2. El autor es Antonio Gala.

3. Marta no puede ir porque tiene que estudiar.

4. Deciden ir otro día.

5. Revuelto de letras.

Ordena las letras para formar los nombres de los meses del año.

NEROE	NUJOI	SOTOGA	PEMISTREBE	YOMA
....	....	....	....	....

ZOMAR	DRECIBEMI	ORFEBRE	LIBRA	UJILO
....	....	....	....	....

CRETUBO   VINOREBEM

....

6. Completa con el pronombre correspondiente:

1. ¿Quieres tomar un café? .... invito.

2.A. ¿Dónde está Julita?

   B. No sé, no .... veo.

3.A. ¿Le gusta esta falda?

   B. Sí, me gusta mucho, me .... llevo.

4.A. ¿Qué dice ese chico?

   B. No sé, no .... oigo.

5.A. Me gusta mucho este vestido, ¿puedo probarme.................................?

   B. Sí, claro.

6. Papá, mamá, ... presento a mi novia, Clara.

7. Clara, ... quiero. ¿Quieres casar............ conmigo?

8. Juan .... llama por teléfono todos los días.

7. ¡Abre la ventana! ———→ Tienes que abrir la ventana.

1. ¡Haz los deberes!
2. ¡Habla en español!
3. ¡Repite esta frase!
4. ¡Coge los apuntes!
5. ¡Siéntate!
6. Y... ¡cállate!

8. ¿Qué estáis haciendo?/bailar. ———→ Estamos bailando.

1. ¿Qué estás haciendo?/escuchar música.
2. ¿Qué está haciendo usted?/escribir un informe.
3. ¿Qué estáis haciendo?/oír la radio.
4. ¿Qué está haciendo Elena?/dormir.
5. ¿Qué están haciendo tus amigos?/besarse.
6. ¿Qué está haciendo tu padre?/leer el periódico.

9. Estas preguntas y respuestas se corresponden. Únelas.

a) ¿Dónde quedamos?
b) ¿A qué hora quedamos?
c) ¿Con quién quedamos?
d) ¿Cuándo quedamos?

1. Delante del metro.
2. Mañana por la mañana, si te parece bien.
3. Con unos amigos de mi hermano.
4. Pues no sé... En la parada del 12, ¿vale?
5. A las siete y media.
6. Con María y Luis.

1) Invitar o proponer.
   Aceptar
   Rechazar

2) Preguntar por causas y responder

3) Insistir - rechazar

4) Concertar una cita y responder

h as aprendido a...

unidad 9

1. Forma frases eligiendo un elemento de cada columna, según el modelo:

Ej.: ¿Vas a quedarte en casa o vas a salir?

1. pasar las vacaciones en la playa   a) en autobús
2. quedarte en casa   b) al teatro
3. vivir en Madrid   c) en la montaña
4. viajar en tren   d) salir
5. ir al cine   e) en la Universidad Autónoma
6. estudiar en la Universidad Complutense   f) en Barcelona

2. Completa los espacios en blanco con las palabras siguientes: en invierno, en otoño, mañana, dentro de, que viene, ahora.

1. .... tres días termina el curso.
2. El mes .... empiezo a trabajar.
3. .... hace frío en España.
4. Un billete para .... por la tarde.
5. .... estamos comiendo.
6. .... caen las hojas de los árboles.

3. Relaciona:

1. Están llamando a la puerta   a) Voy a hacer deporte
2. No tenemos leche   b) Voy a abrir
3. Tengo fiebre. Estoy muy mal   c) Voy a llamarla por teléfono
4. Estoy muy gordo   d) Voy a verlo
5. Es muy tarde y Paqui no viene   e) Voy a llamar al médico
6. El jefe está aquí   f) Voy a comprar dos botellas

4. Ordena estas frases:

1) agradable / es / la / temperatura / primavera / en

....

2) los / voy a / invierno / todos / esquiar / domingos / en

....

3) tomar / gusta / el / me / sol

....

4) en / bebo / verano / refrescos / muchos

....

5) viento / hoy / y /hace / nublado / está

....

5. ¿Quién viene a la playa? Completa con «sí/no/creo que sí/creo que no/no sé»

a) ¿Viene Charo? ...., está en el hospital

b) ¿Y Luis? ...., le gusta mucho la playa

c) ¿Elena viene, no? ...., ya tiene billete de tren

d) ¿Paco viene? ...., tiene mucho trabajo

e) ¿Y Rafa? ...., voy a preguntarle

6. ¿Qué tiempo hace?

1   2   3   4   5   6

7. ¡Báñate! ———▶ Voy a bañarme dentro de un rato.

1. ¡Siéntate!
2. ¡Haz los ejercicios!
3. ¡Pon la mesa!
4. ¡Empieza a hacerlo!
5. ¡Dúchate!
6. ¡Tómate una caña!
7. ¡Vete de aquí!
8. ¡Cierra la puerta!

8. Contesta según el ejemplo:
¿Vienes esta noche o no? ———▶ No lo sé, creo que no voy a ir esta noche.

1. ¿Vas a bañarte o no?
2. ¿Vas a estudiar chino o no?
3. ¿Vais a ir de vacaciones a España o no?
4. ¿Vas a aprender el español enseguida o no?
5. ¿Vais a coger el tren o no?
6. ¿Vas a casarte o no?
7. ¿Vais a ir a la fiesta o no?
8. ¿Vais a venir con nosotros o no?

9. Los niños están bañándose. ———▶ La señora va a bañarse también.

1. Luis está duchándose. Pedro ....
2. Mis padres están comiendo. Yo ....
3. Mi amigo está leyendo esa novela. Yo ....
4. Estoy escribiendo a los amigos. Tú ....
5. Tú estás practicando español. Yo ....
6. Ellos están saliendo ahora. María ....
7. Estás terminando el ejercicio. Yo ....

h **as aprendido a...**

1) Expresar intenciones

2) Proponer alternativas

3) Expresar desconocimiento

4) Expresar probabilidad o duda

unidad 10

1. Completa las frases siguientes:

1. Esta mañana el profesor no (VENIR) .... a clase.
2. Julián (VISITAR) .... muchos países.
3. El verano pasado (ESTAR, *yo*) .... en México.
4. ¿(VER, *tú*) .... «El último emperador»?
5. Hoy (LEVANTARSE, *yo*) .... tarde porque ayer (IR) .... al cine.
6. ¿(LLEGAR) .... ya María?
7. Todavía no (LEER, *yo*) .... el periódico.
8. ¿Quién (PONER) .... la tele?
9. YA (HACER, *yo*) .... todos los ejercicios. ¡Por fin!
10. Ayer (IR) .... al dentista.

2. Forma frases tomando un elemento de cada columna:

Esta tarde	he cobrado	en Perú
El año pasado	fui	pronto
Esta mañana	me he levantado	menos
Este mes	estuve	al cine
Ayer	he visto	un extraterrestre
Nunca	he visitado	a María

....

....

....

....

....

....

....

3. Completa las frases siguientes con: esta mañana, ayer, el año pasado, hace dos años, todavía, ya, nunca, anoche.

1. Son las 10 h., ... han abierto las tiendas.
2. .... he llegado tarde a la escuela.
3. .... por la tarde fui al cine.
4. Llevan aquí una semana y .... no han venido a visitarme. ¡Vaya unos amigos!
5. .... estuve en la India.
6. No conozco París porque .... he estado allí.
7. .... estuve cenando en casa de María.
8. .... fui a estudiar a Grecia.

4. Escucha el diálogo y después responde las preguntas:

Juan.—¡Hola! Ya estoy aquí. ¡Qué tarde es! Toda la mañana en el banco, no he podido venir antes. ¿Cómo vas?
Eva.—Tranquilo, ya está casi todo terminado. Las maletas están hechas, también he guardado los cubiertos en el cajón, y he escrito, por fin, las postales.
Juan.—Bien, bien, pero a ver, ¿qué falta?
Eva.—Todavía no les he dicho adiós a los vecinos ni he visto al portero. Se fue ayer y todavía no ha vuelto.
Juan.—Voy a buscarlo y a abrir la puerta del garaje.

	SÍ	NO
1. ¿Ha puesto Eva los cubiertos en el cajón?		
2. ¿Ha visto al portero?		
3. ¿Ha abierto la puerta del garaje?		
4. ¿Les ha dicho adiós a los vecinos?		
5. ¿Ha escrito las postales?		
6. ¿Ha vuelto ya el portero?		

5. No he leído El Quijote. ——→ ¿Todavía no has leído El Quijote?

1. No he escrito las cartas.

2. No hemos hecho el informe.

3. No he visto «Mujeres al borde de un ataque de nervios».

4. No he salido de la oficina.

5. No hemos terminado el curso.

6. Tiene usted que leer este libro. ——→ ¡Ya lo he leído!

1. Tiene usted que escuchar este disco.

2. Tienes que visitar Granada.

3. Tienes que hacer estas preguntas.

4. Tenéis que terminar los ejercicios.

5. Tienes que abrir las ventanas.

7. ¿Por qué no has venido antes?(Poder) ——→ Lo siento, es que no he podido.

1. ¿Por qué no has llegado a la hora?(dormirse)

2. ¿Por qué no me ha llamado usted?(perder el número de teléfono)

3. ¿Por qué no han hecho ustedes el reportaje?(no saber)

4. ¿Por qué no habéis estado aquí?(estar en una reunión)

5. ¿Por qué no has venido con nosotros a cenar?(poder)

8. Voy al dentista (muelas). Me duelen las muelas.

1. No me encuentro bien (la cabeza).
2. No puedo andar (pies).
3. Ya no juego al fútbol (las rodillas).
4. No puedo escribir (la mano).
5. No salgo hoy (la garganta).

has aprendido a...

1) Hablar de acciones pasadas

2) Hablar de la salud

3) Pedir explicaciones

4) Dar excusas

unidad 11

1.

	Yo	Él
ESTAR	estuve	estuvo
TENER	....	....
OÍR	....	....
HACER	....	....
IR	....	....
LLEGAR	....	....

2.

Completa con SER o ESTAR.

1.A. ¿Qué te pasa?
B. Es que .... preocupada por mis padres.

2.A. ¿Cómo .... tu marido?
B. Pues mira, ... moreno, un poco gordo y muy simpático.

3.A. Buenos días, ¿cómo .... usted, señor Delgado?
B. Bien, gracias.

4.A. ¿Has comprado las manzanas?
B. No, la tienda .... cerrada todavía.

5.A. ¿................. usted colombiano, Héctor?
B. No, ... venezolano.

6.A. ¿Por qué no ha venido Asun?
B. Es que .... enferma.

3.

Anoche/oír/la radio. ——→ Anoche oí la radio.

1. Ayer/ir/al cine. ....
2. La semana pasada/estar/en un concierto. ....
3. Anoche/hacer/la cena. ....
4. El lunes/tener/trabajo. ....
5. El domingo/ver/una película. ....

4. Completa:

— ¿Qué te pasa?

— Estoy cansada. Es que .... ayer en Burgos. .... en tren. Me .... a las 6,30 para coger el tren de las 8, pero .... tarde.

— ¿Y qué hiciste?

— Bueno, pues .... que esperar al tren de las 10,30 y antes de llegar a Burgos se paró. Total, que no llegamos hasta la hora de comer. Sólo .... tiempo de visitar la catedral, dar un paseo y comprar algunas postales.

5. Completa las frases con las palabras que aparecen a continuación:

sucios   triste   ningún   aburridos   algunos   ninguno   rotos   nadie   nada

vacías   viejas   algunos

1.—No hay .... sentado en las mesas.

2.—Las mesas están ....

3.—No me gusta .... No hay .... cuadro en las paredes. Las cortinas están ....

4.—................. clientes entran y miran, pero .... se queda. Todos se van al «Don Francisco».

5.—Los camareros están .... No tienen trabajo ni propinas.

6.—El dueño está .... No tiene clientes ni dinero.

7.—................. manteles están ...., otros están ....

6. El restaurante siguiente es totalmente diferente. Escribe lo contrario que en el ejercicio anterior.

1. ....

2. ....

3. ....

4. ....

5. ....

6. ....

7. ....

7.

Completar con las preposiciones A, DE, DESDE, HASTA, CON EN.

1. ¿........... qué hora llegaste .... casa anoche?

2.A. ¿........... quién hablas?

   B. .... María.

3. Todos los días trabajo .... las 8 .... las 2.

4. ¿Has ido .... casa .... tu amigo?

   No, todavía no.

5.A. Te he llamado .... el aeropuerto y no me has contestado.

   B. Es que he estado .... una reunión importante .... las 3 de la tarde.

8.

Completa con los verbos en los tiempos adecuados: presente (entra), pretérito indefinido (entró) y pretérito perfecto (ha entrado).

El martes pasado Juan (TENER) .... una entrevista de trabajo. (LEVANTARSE) .... muy pronto y (SALIR) .... de casa sin desayunar. (IRSE) .... en taxi para no llegar tarde y (LLEGAR) .... una hora antes de la cita, así que (TENER) .... que esperar. Ahora (ESTAR) .... muy nervioso, porque no (SABER) .... los resultados. Hoy (LLAMAR) .... a la oficina cuatro veces, pero la telefonista siempre le (DECIR) .... lo mismo: «Lo siento, el director todavía no (VENIR) .... (TENER) .... usted que esperar.»

9.

¿Tienes algún amigo boliviano?——► No, no tengo ningún amigo boliviano. No tengo ninguno.

1. ¿Tenéis algún plano de Barcelona?

2. ¿Tienen ustedes alguna cita hoy?

3. ¿Hay alguna farmacia por aquí?

4. ¿Habéis leído algún libro de García Márquez?

5. ¿Has visto alguna película de Almodóvar?

10.

¿Qué hiciste anoche? (cenar con Juan). ———► Cené con Juan.

1. ¿Qué hiciste ayer por la mañana? (ir a la Embajada).

2. ¿Qué hizo usted el miércoles por la tarde? (asistir a una reunión).

3. ¿Qué hiciste el viernes pasado? (ir de compras).

4. ¿Qué hizo usted ayer al mediodía? (estar en una comida de negocios).

5. ¿Qué hicisteis ayer por la noche? (ver una película en la tele).

11. ¿Hay alguien aquí? No, no hay nadie.

1. ¿Vino alguien antes de las ocho?
2. ¿Vio alguien el accidente?
3. ¿Estuvo alguien allí?
4. ¿Oyó alguien el ruido?
5. ¿Salió alguien a esta hora?

h as aprendido a...

1) Preguntar por hechos pasados y describirlos

2) Interesarse por el estado de alguien y describir estados de personas

unidad 12

1. Completa con el verbo en futuro:

1. Este año no (PODER, *yo*) .... ir de vacaciones, porque no tengo dinero.
2. María pronto (TENER) .... éxito en su trabajo.
3. A. ¿Dónde (PONER, *nosotros*) .... el mueble nuevo?
   B. En el salón.
4. ¡Qué película tan aburrida! ¿Cuándo (TERMINAR) ....?
5. A. ¿Qué (HACER, *vosotros*) .... el próximo fin de semana?
   B. No sé si (IR, *nosotros*) .... al campo o a la playa.

2. Ordena estas frases:
Empezado la película ha si sabéis ⟶ ¿Sabéis si ha empezado la película?

1. lo que pasado sé no ha ....
2. ¿tu sabes hora madre llegará a qué? ....
3. ¿Pepe sabes estará cómo? ....
4. mis sé no están llaves dónde ....
5. ¿de está mal humor sabes por qué? ....

3. Completa con el verbo en pretérito indefinido, pretérito perfecto o futuro.

1. A. ¿(ESTAR, *tú*) .... en Asturias alguna vez?
   B. No. (IR, *yo*) .... el próximo verano.
2. M.ª Jesús (IRSE) .... a EE.UU. hace 2 años y (VOLVER) .... dentro de 3 meses
3. El año pasado (TENER, *yo*) .... mala suerte.
4. Mañana no (PODER, *yo*) .... venir a clase porque tengo que ir al médico.
5. A. ¿(TERMINAR, *tú*) .... ya los deberes?
   B. No, todavía no.
6. A. ¿Está el señor Andrés Prats?
   B. Lo siento, no está. No sé si (VENIR) .... hoy.

 **4.** Escucha y completa:

... Ring.

Conserje.—Biblioteca de la Universidad, ¡ .... !

Elena.—Por favor, ¿ .... el señor Ramírez?

Conserje.—Espere .... No sé .... ¿oiga? No está.

Elena.—¿Sabe .... esta mañana?

Conserje.—No señorita, no lo sé.

Elena.—Gracias, ... más tarde.

 **5.** Escucha la entrevista realizada a Severiano Caballero. Completa cada espacio en blanco con una palabra:

Locutor.—.............. .... minutos .... ustedes una entrevista con Se veriano Caballero, una de .... figuras del golf mundial.

¡ Buenos días, señor Caballero, enhorabuena por .... en el trofeo de In glaterra. ¿Qué proyectos tiene ....?

S. Caballero.—.......... .... empezaré una gira por EE.UU.; jugaré siete tor neos.

Locutor.—Será un año muy agitado. ¿ .... su mujer?

S. Caballero.—Sí, ... conmigo a algunas ciudades y luego .... a España.

Locutor.—Y, ¿cuándo .... en España?

S. Caballero.—El año ...., en primavera, ... a Mallorca para participar en una importante competición.

 6. ¿Este coche es el tuyo? ⟶ Sí, es el mío.

1. ¿Estas hojas son las tuyas?

2. ¿Estas señas son las suyas, señor?

3. ¿Estos guantes son los tuyos?

4. ¿Este proyecto es el suyo, señor?

5. ¿Esta maleta es la tuya?

7. ¡Qué suerte! o ¡Qué mala suerte!

He perdido el tren. ———➤ ¡Qué mala suerte!

1. Me ha tocado la Lotería.
2. He encontrado un trabajo muy interesante.
3. No hay entradas para el concierto de Mecano.
4. Pasaré 15 días en la Costa Brava.
5. Me caso mañana.

8. Maleta/grande. ———➤ Esta maleta es más grande que esa.

1. Bolso/bonito.
2. Pantalones/caros.
3. Sillón/incómodo.
4. Libro/interesante.
5. Habitación/clara.

9. ¿Empiezan las clases hoy?
¿Sabe si empiezan las clases hoy?
¿Sabes si empiezan las clases hoy?

1. ¿Hay un tren directo para El Escorial ahora?

2. ¿El Metro funciona por la noche?

3. ¿Los museos están abiertos los lunes?

4. ¿Puedo aparcar aquí?

5. ¿Ha empezado la película?

10. Hoy no voy ———➤ pero mañana iré.

1. Hoy no lo hago, ...
2. Hoy no lo termino, ...
3. Hoy no lo compro, ...
4. Hoy no vengo, ...
5. Hoy no puedo, ...

h as aprendido a...

1) Hablar de acciones futuras

2) Hablar por teléfono

3) Hacer comparaciones

4) Expresar decepción

unidad 13

1.

	Yo	Tú
TRABAJAR	trabajaba	trabajabas
TENER	....	....
SALIR	....	....
HACER	....	....
VIAJAR	....	....
IR	....	....
COMER	....	....
ESTAR	....	....

2. Completar con el verbo en pretérito imperfecto o presente.

1. Antes no (TRABAJAR, *yo*) .... y (TENER, *yo*) .... mucho tiempo libre, ahora (TRABAJAR, *yo*) .... y (ESTAR, *yo*) .... muy ocupado.
2. Cuando (SER, *yo*) .... joven, no (TENER, *yo*) .... dinero.
3. Antes (LEVANTARSE, *ellos*) .... temprano, ahora (ESTAR) .... de vacaciones y (LEVANTARSE) .... tarde.
4. Cuando (SER, *yo*) .... estudiante (HACER, *yo*) .... deporte, ahora no (TENER, *yo*) .... tiempo.
5. Antes, la gente (VIAJAR) .... en tren, ahora (VIAJAR) .... en avión también.
6. En 1986 (VIVIR, *nosotros*) .... en Salamanca, ahora (VIVIR, *nosotros*) .... en Madrid.

3. Relaciona:

1. No puedo ir contigo al concierto   a) ¡Qué suerte!
2. La farmacia todavía está abierta   b) ¡Qué mala suerte!
3. Me han regalado un coche   c) ¡Qué pena!
4. Tenemos que limpiar todo esto   d) ¡Menos mal!
5. María se ha roto un brazo   e) ¡Qué rollo!

4. Escucha y completa:

Cuando .... de vacaciones, me levantaba tarde. .... iba ....
.... a la playa a bañarme, después, ... a casa para comer y echaba la siesta.
.... salía después de cenar, ... o a sentarme
en una terraza con mis amigos. .... me quedaba en casa y .... un rato
en la cama.

5. Contesta a las siguientes preguntas con: siempre, todos los días, a menudo, a veces, una vez al día, muchas veces, nunca.

¿Vas a la playa en invierno? ⟶ Nunca.

1. ¿Escribes a tus amigos a menudo? ....
2. ¿Llegas alguna vez tarde al trabajo? ....
3. ¿Sales fuera los fines de semana? ....
4. ¿Vas mucho de compras? ....
5. ¿Te has dormido alguna vez viendo la televisión? ....
6. ¿Bebes alcohol cuando sales con tus amigos? ....

6. Contesta a estas preguntas:

1. ¿Dónde vivías cuando eras pequeño? ....
2. ¿A qué hora te levantabas? ....
3. ¿Comías en casa o en el colegio? ....
4. ¿Tenías muchos amigos? ....
5. ¿Qué hacías cuando salías del colegio? ....
6. ¿A qué hora te acostabas? ....

7. Ser pequeño/vivir en un pueblo. ⟶ Cuando era pequeño, vivía en un pueblo.

1. Tener 13 años/estudiar piano. ....
2. Estar de vacaciones/bañarse en el río todos los días. ....
3. Vivir en Lima / ir a la playa a menudo ....
4. Ir a la Universidad/tener muchos amigos. ....
5. Ser joven/viajar mucho. ....
6. Venir mi novio/traerme flores. ....

8. Estudiar francés/estudiar inglés. ⟶ Antes estudiaba francés, ahora estudio inglés.

1. Salir poco/salir mucho.
2. Gustarme el cine/gustarme más el teatro.
3. Estar delgado/estar gordo.
4. Vivir en Madrid/vivir en Valencia.
5. Trabajar en una oficina/ trabajar en un banco.
6. Tener el pelo corto/tener el pelo largo.

9. Haz la pregunta y repite después de oír la casete:

¿Ir (tú)/a menudo/cine?

¿Vas a menudo al cine?

1. ¿Hacer (tú)/deporte/todos/días?
2. ¿Fumar/Fernando/dos cajetillas/tabaco/día?
3. ¿Jugar tenis/Lola y Joaquín/todos/viernes?
4. ¿Nunca/tener (usted)/tiempo/visitar/familia?
5. ¿Comer (tú)/siempre/pan integral?

10. Vas a escuchar estas frases. Reacciona contestando con: ¡Qué pena!, ¡Qué mala suerte!, ¡no me digas!, ¡Qué rollo!, ¡Qué suerte!, ¡Menos mal!

1) Tengo que repetir todo el ejercicio otra vez.

2) Mañana me voy de vacaciones.

3) Me caso el domingo.

4) Mi tío ha tenido un accidente.

5) Ayer cuando iba al trabajo se me rompió el coche.

6) El supermercado todavía no ha cerrado.

11. Pon los verbos en imperfecto o en presente.

a) En 1975 (tener, *yo*) .... veinte años y (trabajar) ....en Barcelona.

b) Antes (ir, *el*) .... de vacaciones con sus padres, ahora (ir) .... con sus amigos.

c) El año pasado (levantarse, *mi mujer*) .... a las 7,15. Este año (levantarse) .... más tarde.

d) Antes (comer, *él*) .... mucho y (estar) .... muy gordo.

e) Antes (ir, *yo*) .... a la playa a menudo, ahora no (tener) .... tiempo.

1) Hablar de acciones en pasado

2) Describir el pasado

3) Expresar alegría

4) Expresar alivio

5) Expresar sorpresa

h as aprendido a...

unidad 14

1. Utiliza «hay que», «se puede», «no se puede».

.... adelantar   .... entrar con perro

.... fumar   .... parar

.... mantener limpia la ciudad   .... cruzar

.... girar a la derecha .... girar a la derecha

2. Completa con «hay que» o «tener que»:

1. Si quieres aprender español, ... estudiar los verbos.
2. Para estar sano, ... comer frutas y verduras.
3. Si vamos a cenar, ... reservar mesa antes.
4. Si vas a Sevilla, ... ver la Giralda.
5. Para ser rico .... trabajar mucho.
6. Si María quiere adelgazar, ... hacer gimnasia.
7. Para viajar a Brasil no .... llevar ropa de invierno.

3. Escucha y completa:
(En el gimnasio)

Pepe.—¡Hola, Manuela! ¿Qué ....?

Manuela.—¿Qué tal, Pepe?, ... a hacer pesas.

Pepe.—¡Qué casualidad! Yo .... karate. .... aprendiendo y es muy divertido.

Manuela.—¿Cuántas veces vienes ....?

Pepe.—Vengo los ...., miércoles y ...., de 6 a 7. ¿Y tú?

Manuela.—Yo vengo .... Después podemos ir a tomar ...., ¿quieres?

Pepe.—Bueno, ..., quedamos aquí................... .... una hora.

Manuela.—.......... ....

4. ¿Te acuerdas del cuento de la lechera (unidad 12)?

Escribe frases como en el ejemplo:

vender leche/comprar una docena de huevos.

Ej.: Si vendo la leche, compraré una docena de huevos.

Comprar huevos   tener pollitos / gallinas

....

Vender gallinas   comprar ovejas

....

Tener ovejas   ser rica

....

Ser rica   ....

....

5. Incluye LO(S), LA(S), ME, TE, LE, NOS, OS, LES.

Queridos Marta y Javier:

¿Qué tal estáis todos? (1) .... acuerdo mucho de vosotros.

Ayer estuve con unos amigos y (2) .... enseñé fotos nuestras en la playa el verano pasado. ¿(3) .... acordáis? (4) .... divertimos mucho ¿verdad?

Quiero escribir ....(5) una carta a Miguel, pero no tengo su dirección. ¿(6) .... (7) .... podéis mandar en vuestra próxima carta?

(8) .... he matriculado en un curso de español, porque no quiero olvidar (9) .... Vosotros escribidme muchas cartas. Yo (10) .... contestaré todas. Así practico.

Javier, David (11) .... envía recuerdos. Quiere saber si vais a su casa en Navidades. También quiere una cinta del grupo "Los Insolventes". Envía (12) .... (13) .... Seguro que .... (14) gustará mucho.

6. Relaciona cada frase con la expresión más apropiada.

1. ¿Bailas conmigo?   — ¡Qué va!
2. ¿Vas a esquiar?   — Pues sí, ¿por qué no?
3. ¿Te ayudo?   — Depende
4. He perdido mi perro   — ¡Qué pena!
5. ¿Tienes frío?   — No hace falta
6. ¿Quedamos a las ocho?   — De acuerdo

1. A. ¿Entonces vas a vender tu coche para comprarte un barco?

   B. .... no uso el coche nunca.

2. A. ¿Te gusta la música clásica?

   B. ...., sólo me gustan algunos autores: Vivaldi, Beethoven, Chopin.

3. A. Si me llevas en tu coche, te pago la gasolina y te invito a comer.

   B. ...., te llevo porque eres mi amiga. No tienes que pagar nada.

4. A. He hablado con Luis. No puede venir con nosotros a esquiar. Tiene que trabajar.

   B. .... A él le gusta mucho esquiar.

5. A. ¿Hablas francés?

   B. .... Sólo sé cuatro palabras.

6. A. Si me ayudas a preparar el examen de español te invito al cine, ¿vale?

   B. .... ¿Cuándo empezamos?

7. Escribe una redacción breve sobre el deporte que practiques.

El deporte que más me gusta es el ....
Juego/Hago .... a la semana. Necesito
....
....
....

8. Haz las preguntas y contéstalas como en el ejemplo:

¿Has visto a Luisa? ⟶ Sí, la he visto.
¿Les has escrito una postal a tus padres? No, no se la he escrito.

1. ¿Oír/la radio?   No, ...

2. ¿Tener/el «Excelsior»?   Sí, ...

3. ¿Preguntar/estar/casado?   No, ...

4. ¿Querer/ver/a tus abuelos?   Sí, ...

5. ¿Traer/periódico?   No, ...

6. ¿Ver/a Elena?   Sí, ...

7. ¿Querer/a tus hermanas?   Sí, ...

8. ¿Dar/número de teléfono?   No, ...

9. ¿Recoger/maleta/amigo?   Sí, ...

9. Trabajas en la secretaría de la academia de lenguas «Babel». Consulta las instrucciones y memorízalas. A continuación escucha las preguntas y contesta. Escribe las con-
testaciones.

INSTRUCCIONES PARA LA MATRÍCULA

* Pagos: únicamente en el banco.
* Sobre: el alumno tiene que rellenarlo con sus datos.
* En «tipo de curso», indicar si es «intensivo» o «normal».
* Edades: Curso elemental: 12-16.
            Curso intermedio: 14-20.
            Curso avanzado: 16-sin límite.
* Idiomas: Inglés, francés, alemán, italiano y español (sólo para extranjeros).

1. ....
2. ....
3. ....
4. ....
5 ....
6. ....
7. ....

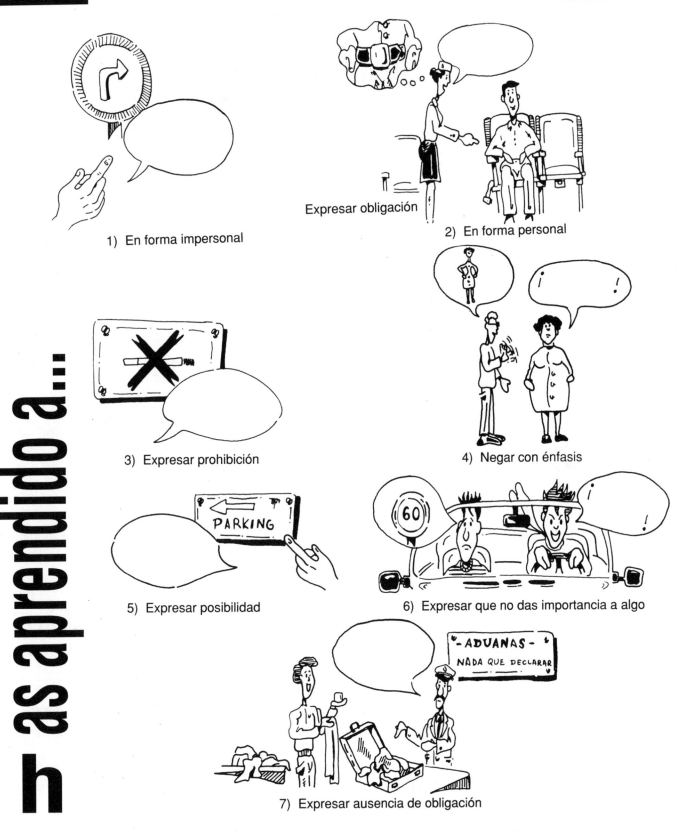

Expresar obligación

1) En forma impersonal

2) En forma personal

3) Expresar prohibición

4) Negar con énfasis

5) Expresar posibilidad

6) Expresar que no das importancia a algo

7) Expresar ausencia de obligación

h as aprendido a...

unidad 15

1.

	Yo	Él
NACER	nací	nació
ESTAR	....	....
OÍR	....	....
SER	....	....
IR	....	....
TENER	....	....
LEER	....	....
CASARSE	....	....
BEBER	....	....

2.

Completa las frases con pretérito imperfecto o pretérito indefinido:

1. Cuando (ESTAR, *nosotros*) .... tomando café, (OÍR, *nosotros*) .... la noticia.

2. Cuando (VIVIR, *yo*) .... en Madrid (IR, *yo*) .... todos los domingos al Rastro.

3. Cuando (TENER, *yo*) .... 15 años, mis padres me (COMPRAR) .... un piano.

4. Cuando Juan (IR) .... al trabajo, (TENER) .... un accidente.

5. Cuando (SER, *yo*) .... niño (VIVIR, *yo*) .... en un pueblo.

6. Cuando Pedro (ESTAR ....) hablando por teléfono (CORTARSE) .... la comunicación.

7. Cuando (ESTAR, *yo*) .... de vacaciones (LEVANTARSE, yo) tarde.

8. Anoche (IR, *yo*) .... a un concierto y (ACOSTARSE) .... tarde.

9. Cuando (VIVIR, *yo*) .... en París, (VISITAR, *yo*) .... varias veces el Louvre.

10. Cuando (IR, *ella*) .... al supermercado, le (ROBAR, *ellos*) la cartera.

11. Cuando (ESTAR, *nosotros*) .... oyendo el Telediario (LLEGAR) .... los niños del colegio.

3. Completar con uno de estos verbos en la forma correcta: nacer, morir, trasladarse, estudiar, ir, volver, conocer.

Manuel de Falla .... en Cádiz en 1876. Cuando tenía 23 años su familia .... a Madrid, donde .... música con los maestros del momento. En 1907 .... a París y allí .... a Debussy, Ravel y Dukas. Cuando .... a España, se instaló en Granada hasta 1939. Este año se trasladó a Córdoba (Argentina) y allí .... en 1946. Sus obras más conocidas son «La vida breve», «Noches en los jardines de España», «El sombrero de tres picos» y «La Atlántida» (incompleta).

4. Completar con los verbos en el tiempo adecuado:

1.A. ¿Qué (HACER, *Ud.*) .... el viernes pasado?

B. El viernes (IR, *yo*) .... al cine Liceo.

2.A. ¿Por qué no me (LLAMAR, *tú*) .... esta mañana?

B. Porque no (PODER, *yo*) ....

3.A. ¿(QUERER, *tú*) .... venir a mi casa?

B. Lo siento, no (PODER, *yo*) ...., tengo que hacer un trabajo.

4.A. ¿Dónde (VIVIR, *tú*) .... cuando (SER, *tú*) .... niña?

B. Pues... yo (VIVIR) .... aquí, en Madrid.

5. Yo, antes (TRABAJAR) .... ocho horas, pero ahora sólo (TRABAJAR) .... cuatro.

5. Completa estas frases comparativas con MÁS QUE / MENOS QUE / TANTO COMO / MEJOR QUE y PEOR QUE:

1) Una gripe es .... un resfriado.

2) El fútbol me gusta .... el baloncesto. Los dos son muy divertidos.

3) Ahora como .... antes. Es que quiero adelgazar.

4) Los niños ven la tele .... los mayores.

5) No he viajado .... tú, pero leo muchos periódicos extranjeros.

6) A veces los estudiantes saben .... los profesores.

7) Ella canta .... yo. Es una profesional.

6. Escucha y completa:

A. ¿Cuándo .... música?

B. .... siete años, en el colegio de mi pueblo.

A. ¿Qué instrumento ....?

B. Al principio ...., después elegí el piano.

A. ¿Cuándo .... sus estudios en el Conservatorio de Madrid?

B. Cuando tenía 12 años, mis padres .... a Madrid y ....
.... en el Conservatorio.

A. Finalmente, ¿ .... ganó su primer premio?

B. En 1987, cuando .... en el Conservatorio.

7. Ej.: estar (yo) comiendo/llegar Antonio.
Cuando estaba comiendo, llegó Antonio.

1. Ir (yo) al trabajo/tener un accidente.

2. Estar oyendo música/llamarme mi madre.

3. Tener 25 años/casarme.

4. Estudiar en la universidad/salir cada noche.

5. Estar bañándome/llamarme por teléfono mi jefe.

8. Al cine/IR/ayer ⟶ Ayer fui al cine

a) ESTAR/en Mallorca/el verano pasado.

b) el viernes/a Juan/VER.

c) CENAR/con unos amigos/anoche.

d) en 1980/VOLVER/ a mi país.

e) CONOCER/a Julia/hace 3 años.

1) Expresar acciones durativas interrumpidas por otra acción

2) Contar la vida de una persona

3) Hacer comparaciones

h as aprendido a...

CLAVE DE «HAS APRENDIDO A...»

UNIDAD 1.

1. ¿Cómo te llamas?
   Me llamo Juan.
2. ¿De dónde eres?
   Soy norteamericano.
3. ¿Qué haces?
   Soy estudiante.
4. ¿Dónde vives?
   Vivo en París.
5. ¿Son ustedes mexicanos?
   Sí, somos mexicanos.
6. ¿Es usted escritora?
   No, soy médica.
7. ¿Cómo se dice «book» en español?
   Se dice «libro».

UNIDAD 2.

1. Buenos días, ¿cómo está usted?
   Muy bien, gracias.
2. Hola, ¿qué tal?
   Hola, ¿qué tal?
3. Esta es Ana.
   Este es José.
   Estos son Ana y José.
4. Gracias.
5. ¿Cuál es tu/su número de teléfono?

UNIDAD 3.

1. ¿Dónde están las llaves?
   Encima de la mesita de noche.
2. ¿Cómo es tu coche?
   Muy bonito.
3. ¿Cuántos dormitorios tiene?
   Tres.

UNIDAD 4.

1. Perdone...
2. ¿Cómo se va al museo?
   Coge usted el autobús número 5 y se baja en la tercera parada.

3. Gracias.
   De nada.
4. ¿Hay un hospital aquí cerca?
   Sí, hay uno aquí mismo.
5. ¿Qué hora es? / ¿Qué hora tienes?
   Las doce y cuarto.
6. ¿A qué hora abren las farmacias?
   A las nueve.

UNIDAD 5.

1. ¿Quieres (tomar) un helado?
   Sí, gracias.
2. ¿Cuánto es?
   Son cuatrocientas pesetas.
3. ¿Puedes cerrar la ventana, por favor?
   Sí, claro.
4. De primero, paella, y de segundo, pollo asado.

UNIDAD 6.

1. ¿Cómo es el ladrón?
   Es moreno, tiene bigote y el pelo corto.
2. ¿A qué hora te levantas?
   A las siete.
3. ¿Cuántos años tienes?
   Tres.

UNIDAD 7.

1. ¿Qué precio tiene?
   4.000 pesetas.
2. ¿Puedo fumar?
3. ¡Qué caro!
4. ¿Qué te parece?
   Muy bien.
5. Me gusta más aquél. Es más barato.

UNIDAD 8.

1. ¿Vamos al cine?
   Vale, de acuerdo.
   Yo no puedo, tengo que estudiar.
2. ¿Por qué?
   Porque tengo que estudiar.
3. ¡Venga!
   No, no puedo.
4. ¿Quedamos en el Café Central el domingo a las 7,30?
   Vale, de acuerdo.

UNIDAD 9.

1. ¡Qué calor!
   Voy a bañarme.
2. ¿Quieres ir a México o a Perú?
   Me da igual.

3. ¿Dónde están las llaves?
   No (lo) sé.
4. No sé, creo que sí/no.

UNIDAD 10.

1. ¿Qué te ha pasado?
   Me he roto el brazo.
2. Me duelen las muelas.
3. ¿Por qué ha llegado tarde?
   Porque no he oído el despertador.

UNIDAD 11.

1. ¿Qué hiciste ayer?
   Fui al cine.
2. ¿Qué te pasa?
   Estoy preocupado.

UNIDAD 12.

1. Te tocará la lotería.
2. ¿Diga?
   ¿Está Ana?
   ¡Se ha equivocado!
3. Mi salmón es más grande que el tuyo.
4. ¡Vaya por Dios!

UNIDAD 13.

1. Antes / Cuando era joven jugaba al fútbol.
2. (Antes) el metro era (más) barato.
3. Qué bien / Qué suerte
4. ¡Menos mal!
5. ¡No me digas!

UNIDAD 14.

1. Hay que torcer a la derecha.
2. Tiene que ponerse el cinturón.
3. No se puede fumar.
4. ¡Qué va!
5. Se puede aparcar.
6. ¡Bah, da igual!
7. No hace falta.

UNIDAD 15.

1. Estaba tomando el sol cuando empezó a llover.
2. Nació en 1806 (murió en 1885).
3. Montse canta mejor que Pepa.

GLOSARIO GLOSSAIRE GLOSSARY VOKABULAR

Unidad 1

1. acento (el) ....
2. ahora ....
3. alemán/a ....
4. amigo/a ....
5. andaluz/a ....
6. bien ....
7. ¡bueno! ....
8. bueno/a ....
9. bocadillo (el) ....
10. ¿cómo? ....
11. cosa (la) ....
12. decir ....
13. decorador/a ....
14. diseñador/a ....
15. ¿dónde? ....
16. entonces ....
17. escribir ....
18. estudiante (el/la) ....
19. estudiar ....
20. ¡estupendo! ....
21. hacer ....
22. hasta ....
23. ¡hasta la vista! ....
24. ¡hasta pronto! ....
25. ¡hola! ....
26. inglés/a ....
27. llamarse ....
28. mirar ....
29. mueble (el) ....
30. muy ....
31. presentar ....
32. pronto ....
33. ¿qué tal? ....
34. ser ....
35. sí ....
36. trabajar ....
37. vivir ....
38. y ....

Unité 1

1. accent ....
2. maintenant ....
3. allemand/e ....
4. ami/e ....
5. andalou/se ....
6. bien ....
7. bon! bien! (fam.) ....
8. bon/ne ....
9. sandwich ....
10. pardon? comment? ....
11. chose ....
12. dire ....
13. décorateur/trice ....
14. dessinateur/trice ....
15. où? ....
16. alors ....
17. écrire ....
18. étudiant/e ....
19. étudier, faire des études ..
20. formidable! ....
21. faire ....
22. jusqu'à ....
23. au revoir ....
24. à bientôt ....
25. salut! ....
26. anglais/e ....
27. s'appeler ....
28. regarder ....
29. meuble ....
30. très ....
31. présenter ....
32. vite-tôt ....
33. comment ça va? ....
34. être ....
35. oui ....
36. travailler ....
37. vivre ....
38. et ....

Unit 1

1. (the) accent ....
2. now ....
3. German ....
4. friend ....
5. Andalusian ....
6. well ....
7. right! ....
8. good ....
9. (the) sandwich ....
10. what? ....
11. (the) thing ....
12. to say ....
13. decorator ....
14. designer ....
15. where? ....
16. then ....
17. to write ....
18. (the) student ....
19. to study ....
20. wonderful! great! ....
21. to do, make ....
22. until ....
23. so long! ....
24. see you soon! ....
25. hello! ....
26. English ....
27. to be called ....
28. to look ....
29. (the) furniture ....
30. very ....
31. to introduce ....
32. soon ....
33. how are you? ....
34. to be ....
35. yes ....
36. to work ....
37. to live ....
38. and ....

Einheit 1

1. Akzent (der) ....
2. jetzt ....
3. deutsch ....
4. Freund (der) ....
5. andalusisch ....
6. Gut ....
7. Gut! ....
8. gut ....
9. belegtes Brot (das) ....
10. Wie? ....
11. Ding (das) ....
12. sagen ....
13. Dekorateur (der) ....
14. Designer (der) ....
15. Wo? ....
16. dann ....
17. schreiben ....
18. Student (der) ....
19. studieren ....
20. Grossartig! ....
21. tun ....
22. bis ....
23. Auf Wiedersehen! ....
24. Bis bald! ....
25. Hallo! ....
26. englisch ....
27. heissen ....
28. ansehen ....
29. Möbelstück (das) ....
30. sehr ....
31. vorlegen ....
32. bald ....
33. Wie geht's? ....
34. sein ....
35. ja ....
36. arbeiten ....
37. leben ....
38. und ....

Unidad 2

1. banco (el) ....
2. bienvenido/a ....
3. clase (la) ....
4. colombiano/a ....
5. compañero/a ....
6. compañía (la) ....
7. con ....
8. día (el) ....
9. buenos días ....
10. economista (el/la) ....
11. encontrarse ....
12. estar ....
13. estar de vacaciones ....
14. este/a ....
15. ¡gracias! ....
16. hablar ....
17. italiano/a ....

Unité 2

1. la banque ....
2. bienvenu/e ....
3. classe ....
4. colombien/ne ....
5. collègue ....
6. compagnie ....
7. avec ....
8. jour ....
9. bonjour ....
10. économiste ....
11. se rencontrer ....
12. être ....
13. être en vacances ....
14. ce, cet/cette ....
15. merci ....
16. parler ....
17. italien/ne ....

Unit 2

1. (the) bank ....
2. welcome ....
3. (the) class, classroom ....
4. Colombian ....
5. companion ....
6. (the) company ....
7. with ....
8. (the) day ....
9. good morning ....
10. (the) economist ....
11. to meet ....
12. to be ....
13. to be on holiday ....
14. this ....
15. thank you! ....
16. to speak ....
17. Italian ....

Einheit 2

1. Bank (die) ....
2. willkommen ....
3. Klasse (die) ....
4. kolumbianisch ....
5. Kamerad (der) ....
6. Gesellschaft (die) ....
7. mit ....
8. Tag (der) ....
9. Guten Tag! ....
10. Wirtschaftsfachmann (der) ....
11. sich befinden ....
12. sein ....
13. auf Urlaub (Ferien) sein ...
14. dieser, diese, dieses ....
15. Danke! ....
16. sprechen ....
17. italienisch ....

GLOSARIO   GLOSSAIRE   GLOSSARY   VOKABULAR

	GLOSARIO	GLOSSAIRE	GLOSSARY	VOKABULAR
18.	mucho/a	beaucoup, nombreux/ses	a lot of	viel
19.	¡mucho gusto!	enchanté/e	pleased to meet you!	Gern!
20.	salvadoreño/a	du Salvador	Salvadorian	salvadorianisch
21.	trabajo (el)	travail	(the) work, job	Arbeit (die)
22.	usted/es	vous	you	Sie

	Unidad 3	Unité 3	Unit 3	Einheit 3
1.	además	de plus	besides	ausserdem
2.	al fondo	au fond	at the back	im Hintergrund
3.	alegre	joyeux	happy	fröhlich
4.	allí	là-bas	there	dort
5.	alquiler	loyer	(the) rent	Miete (die)
6.	antiguo/a	ancien/ne, vieux/vieille	old	ehemalig, alt
7.	aquí	ici	here	hier
8.	aquí mismo	ici même	right here	genau hier
9.	bastante	assez	enough	genug, ziemlich
10.	bonito/a	joli/e	pretty	schön
11.	buscar	chercher	to look for	suchen
12.	calle (la)	rue	(the) street	Strasse (die)
13.	caluroso/a	chaleureux/se, chaud/e	warm	heiss
14.	casa (la)	maison	(the) house	Haus (das)
15.	cocina (la)	cuisine	(the) kitchen	Küche (die)
16.	como	comme	as	wie
17.	cómodo/a	commode	comfortable	bequem
18.	contar	raconter	to count	zählen, erzählen
19.	¿cuánto?	combien?	how much?	Wieviel?
20.	cuarto (el)	la pièce	(the) room	Zimmer (das)
21.	cuarto de baño	la salle de bains	bathroom	Badezimmer (das)
22.	derecha	droite	right	rechts
23.	a la derecha	à droite	on the right	rechts
24.	domirtorio	(la) chambre	(the) bedroom	Schlafzimmer (das)
25.	edificio (el)	immeuble	(the) building	Gebäude (das)
26.	esperar	attendre	to wait	warten, hoffen
27.	frío/a	froid/e	cold	kalt
28.	invierno (el)	hiver	(the) winter	Winter (der)
29.	izquierda	gauche	left	links
30.	a la izquierda	à gauche	on the left	links
31.	mal	mal	bad	schlecht
32.	más	plus	more	mehr
33.	¡oiga!	allô!	hello!	Hallo! (am Telefon)
34.	otro/a	(un/une) autre	other	ein anderer
35.	pasar	passer	to pass	verbringen, passieren
36.	pequeño/a	petit/e	small	klein
37.	piso (el)	appartement	(the) flat	Wohnung (die)
38.	precio (el)	prix	(the) price	Preis (der)
39.	problema (el)	problème	(the) problem	Problem (das)
40.	recibidor (el)	entrée, vestibule	(the) hall	Vorzimmer (das)
41.	ruidoso/a	bruyant/e	noisy	laut
42.	salón (el)	(le) salon	(the) lounge	Wohnzimmer (das)
43.	tener	avoir	to have	haben
44.	tranquilo/a	tranquile	quiet	ruhig
45.	vecino/a	voisin/e	neighbouring, neighbour	Nachbar (der)
46.	verano (el)	été	(the) summer	Sommer (der)

	Unidad 4	Unité 4	Unit 4	Einheit 4
1.	al lado de	à côté de	next to	neben
2.	abrir	ouvrir	to open	öffnen

GLOSARIO GLOSSAIRE GLOSSARY VOKABULAR

	GLOSARIO	GLOSSAIRE	GLOSSARY	VOKABULAR
3.	amable	aimable	kind	freundlich
4.	atravesar	traverser	to cross	durchqueren, überqueren
5.	autobús (el)	autobus	(the) bus	Autobus (der)
6.	bajar(se)	descendre	to get off	aussteigen
7.	cerca	près	near	nahe
8.	coger	prendre	to take, catch	nehmen
9.	¡de acuerdo!	d'accord	right	Einverstanden!
10.	¡de nada!	de rien	not at all!	Bitte!
11.	farmacia	pharmacie	(the) chemist	Apotheke (die)
12.	¡hasta luego!	à tout à l'heure	see you later!	Auf Wiedersehen!
13.	hay	il y a	there is	es gibt
14.	hora (la)	heure	(the) time	Stunde (die)
15.	luego	après, ensuite	after	später
16.	mejor	mieux	better	besser
17.	menos	moins	less	weniger
18.	metro (el)	métro	underground	Untergrundbahn (die)
19.	minuto (el)	la minute	(the) minute	Minute (die)
20.	parada (la)	l'arrêt	(the) shop	Haltestelle (die)
21.	¡perdone!	pardon	sorry!	Entschuldigung!
22.	plaza (la)	place	(the) square	Platz (der)
23.	¡por favor!	s'il vous (te) plaît	please!	Bitte!
24.	recto/a	droit/e	straight	gerade
25.	reloj (el)	la montre	(the) watch	Uhr (die)
26.	seguir	suivre	to follow	folgen
27.	supermercado (el)	supermarché	supermarket	Supermarkt (der)
28.	tarde (la)	l'après-midi	(the) afternoon	Nachmittag (der)
29.	por la tarde	(dans) l'après-midi	in the afternoon	am Nachmittag
30.	venir	venir	to come	kommen

	Unidad 5	Unité 5	Unit 5	Einheit 5
1.	¡a ver!	voyons	let'see!	Mal sehen!
2.	¿algo más?	autre chose?	anything else?	Noch etwas?
3.	agua (el)	l'eau	(the) water	Wasser (das)
4.	ajedrez (el)	les échecs	(the) chess	Schachspiel (das)
5.	algo	quelque chose	something	etwas
6.	algún/a	un/une, quelque	some	irgendeiner
7.	beber	boire	to drink	trinken
8.	caña (la)	le demi (de bière)	glass of beer	ein kleines Bier
9.	menú (el)	menu	(the) menu	Menü (das)
10.	carta (la)	carte	«a la carte»	Karte (die)
11.	juego (el)	jeu	(the) game	Spiel (das)
12.	camarero/a	garçon de café/serveuse	waiter/waitress	Kellner (der)
13.	cerveza (el)	bière	(the) beer	Bier (das)
14.	comer	manger	to eat	essen
15.	concierto (el)	(el) concert	(the) concert	Konzert (das)
16.	empezar	commencer	to stárt	beginnen
17.	espárrago (el)	l''asperge	(the) asparagus	Spargel (der)
18.	gustar	plaire	to lide	schmecken
19.	hambre (el)	la faim	(the) hunger	Hunger (der)
20.	jamón (el)	jambon	(the) ham	Schinken (der)
21.	jugar	jouer	to play	spielen
22.	leer	lire	to read	lesen
23.	mayonesa (la)	mayonnaise	(the) mayonnaise	Mayonnaise (die)
24.	merluza (la)	le colin	(the) hake	Seehecht (der)
25.	música (la)	musique	(the) music	Musik (die)
26.	ordenador (el)	ordinateur	(the) computer	Computer (der)
27.	pensar	penser	to think	denken
28.	poco/a	peu	little	wenig
29.	un poco	un peu	a little	wenig
30.	poder	pouvoir	to be able	können
31.	¡ponga!	mettez	place it!	Stellen Sie!

GLOSARIO GLOSSAIRE GLOSSARY VOKABULAR

	GLOSARIO	GLOSSAIRE	GLOSSARY	VOKABULAR
32.	presentador/a	présentateur/trice	prensenter	Ansager (der)
33.	querer	vouloir, aimer	to want	wollen
34.	queso (el)	fromage	(the) cheese	Käse (der)
35.	restaurante (el)	restaurant	(the) restaurant	Restaurant (das)
36.	tapa (la)	«tapa»	(the) snack	Appetithäppchen (das)
37.	tomar	prendre	to have/take	nehmen, essen

Unidad 6 / Unité 6 / Unit 6 / Einheit 6

	Unidad 6	Unité 6	Unit 6	Einheit 6
1.	acostar(se)	se coucher	to go to bed	sich niederlegen
2.	alto/a	grand/e	tall	hoch
3.	antes	avant	before	vor, vorher
4.	año (el)	l'année	(the) year	Jahr (das)
5.	cenar	dîner	to have dinner	zu Abend essen
6.	claro/a	clair/e	light	klar, hell
7.	delgado/a	mince	thin	dünn
8.	después	après	after	danach, nach
9.	foto (la)	photo	(the) photo	Fotografie (die)
10.	guapo/a	beau/belle	attractive	hübsch
11.	moreno/a	bronzé/ée	brown	braun
12.	notario/a	notaire	notary	Notar (der)
13.	novio/a	fiancé/ée	boy, girlfriend	Freund (der), Bräutigam (der)
14.	oscuro/a	obscur/e	dark	dunkel
15.	parecer	paraître, sembler	to seem	erscheinen, scheinen
16.	periódico (el)	journal	(the) newspaper	Zeitung (die)
17.	rubio/a	blond/e	blond	blond
18.	salir	sortir	to go out	verlassen
19.	simpático/a	sympathique	kind	sympathisch
20.	volver	revenir	to return	zurückkehren

Unidad 7 / Unité 7 / Unit 7 / Einheit 7

	Unidad 7	Unité 7	Unit 7	Einheit 7
1.	¡aquí tiene(s)!	voilà	here is...	Bitte!
2.	azul	bleu	blue	blau
3.	caro/a	cher/chère	expensive	teuer
4.	¡claro!	bien sûr!	of course!	Natürlich!
5.	creer	croire	to believe	glauben
6.	cuero (el)	le cuir	(the) leather	Leder (das)
7.	desear	désirer	to wish	wünschen
8.	elegante	élégant/e	elegant	elegant
9.	esperar	attendre, espérer	to wait	warten, hoffen
10.	falda (la)	jupe	(the) skirt	Rock (der)
11.	llevar (se)	porter	to wear	tragen
12.	negro/a	noir/e	black	schwarz
13.	¡no está mal!	ce n'est pas mal!	it's not bad!	Nicht schlecht!
14.	pagar	payer	to pay	zahlen
15.	pantalón (el)	pantalon	(the) trousers	Hose (die)
16.	precio (el)	prix	(the) price	Preis (der)
17.	preferir	préférer	to prefer	bevorzugen, vorziehen
18.	probador (el)	la cabine d´essayage	fitting room	Proberaum (der)
19.	probar (se)	essayer	to try on	probieren
20.	quedar	aller (vêtements)	to stay	bleiben
21.	quedar bien/mal	aller bien/aller mal (vêtements)	to make a good/bad impression	gut/schlecht stehen
22.	rojo/a	rouge	red	rot
23.	ropa (la)	les vêtements	(the) clothes	Kleidung (die)
24.	talla (la)	taille	(the) size	Grösse (die)
25.	tarjeta (la)	carte	(the) card	Karte (die)
26.	tarjeta de crédito	carte de crédit	credit card	Kredikarte (die)

GLOSARIO

GLOSSAIRE

GLOSSARY

VOKABULAR

27. tela (la)	27. le tissu	27. (the) fabric	27. Stoff (der)
28. tienda (la)	28. boutique	28. (the) shop	28. Geschäft (das)
29. valer	29. valoir	29. to cost	29. kosten, genügen

Unidad 8	**Unité 8**	**Unit 8**	**Einheit 8**
1. café (el)	1. café	1. (the) coffee	1. Kaffee (der)
2. ¿de verdad?	2. vraiment?	2. really?	2. Wirklich?
3. ¿diga?	3. allô?	3. hello?	3. Bitte?
4. estupendamente	4. très bien	4. stupendously	4. ausgezeichnet
5. interesante	5. intéressant/e	5. interesting	5. interessant
6. invitar	6. inviter	6. to invite	6. einladen
7. ¡lo siento!	7. excusez-moi	7. I'm sorry!	7. Es tut mir leid
8. nada	8. rien	8. nothing	8. nichts
9. oír	9. entendre	9. to hear	9. hören
10. partido (el)	10. match	10. (the) match	10. Partei (die)
11. poner	11. mettre	11. to put	11. stellen, legen, setzen
12. ¿por qué?	12. pourquoi?	12. why?	12. Warum?
13. porque	13. parce que	13. because	13. weil
14. ruido (el)	14. bruit	14. (the) noise	14. Lärm (der)
15. quedar (a una hora, un día)	15. prende rendez-vous	15. to meet (at a time/day)	15. sich verabreden
16. ¿quién?	16. qui?	16. who?	16. Wer?
17. saber	17. savoir	17. to know	17. wissen, können
18. té (el)	18. thé	18. (the) tea	18. Tee (der)
19. ¿vale?	19. d'accord?	19. ok?	19. In Ordnung?

Unidad 9	**Unité 9**	**Unit 9**	**Einheit 9**
1. bañar(se)	1. se baigner	1. to have a bath	1. (sich) baden
2. billete (el)	2. billet	2. (the) ticket	2. Fahrkarte (die)
3. calor (el)	3. la chaleur	3. (the) heat	3. Hitze (die)
4. dentro de	4. a l'intérieur	4. inside	4. in
5. ¡depende!	5. cela dépend	5. it depends!	5. Das kommt darauf an!
6. dormir	6. dormir	6. to sleep	6. schlafen
7. estación (la)	7. gare	7. (the) station	7. Bahnhof (der)
8. llegar	8. arriver	8. to arrive	8. ankommen
9. mes (el)	9. mois	9. (the) month	9. Monat (der)
10. el mes pasado	10. le mois dernier	10. last month	10. im vergangenen Monat
11. el mes que viene	11. le mois prochain	11. next month	11. nächsten Monat
12. mañana por la mañana	12. demain matin	12. tomorrow morning	12. morgen früh
13. ¡me da igual!	13. ça m'est égal	13. I don't mind!	13. Das ist mir gleichgültig!
14. momento (el)	14. moment	14. (the) moment	14. Moment (der)
15. dentro de un momento	15. dans un moment	15. in a moment	15. in einem Moment
16. noche (la)	16. la nuit	16. (the) night	16. Nacht (die)
17. por la noche	17. (pendant) la nuit	17. by night	17. in der Nacht
18. piscina (la)	18. piscine	18. swimming pool	18. Schwimmbad (das)
19. playa (la)	19. plage	19. (the) beach	19. Strand (der)
20. rato (el)	20. moment	20. (the) while	20. Weile (die)
21. dentro de un rato	21. dans un moment	21. in a while	21. in einer Weile
22. sed (la)	22. soif	22. (the) thirst	22. Durst (der)
23. sol (el)	23. soleil	23. (the) sun	23. Sonne (die)
24. ¡vamos!	24. allons	24. let's go!	24. Gehen wir!
25. ¡ya!	25. tout de suite!, j'y suis, d'accord	25. sure!	25. Ach ja! Komm schon!

GLOSARIO GLOSSAIRE GLOSSARY VOKABULAR

Unidad 10 / Unité 10 / Unit 10 / Einheit 10

	Español	Français	English	Deutsch
1.	balance (el)	le bilan	(the) balance	Bilanz (die)
2.	doler	avoir mal	to hurt	schmerzen
3.	médico (el/la)	médecin	(the) doctor	Arzt (der)
4.	llorar	pleurer	to cry	weinen
5.	oficina (la)	le bureau	(the) office	Büro (das)
6.	organizado/a	organisé/ée	organised	organisiert
7.	pasárselo bien/mal	s'amuser, s'ennuyer	to have a good/badtime ...	es gut/schlecht verbringen
8.	perder	perdre	to lose	verlieren
9.	pueblo (el)	village	(the) village	Dorf (das)
10.	salir	sortir	to go out	ausgehen
11.	terminar	finir	to finish	beenden, enden
12.	todavía	encore	yet	noch immer
13.	todavía no	pas encore	not yet	noch nicht, noch immer nicht
14.	vez	fois	time	Mal (das)
15.	alguna vez	quelquefois	sometimes	einmal
16.	a veces	quelquefois, parfois	at times	manchmal
17.	otra vez	une autre fois	another time	nocheinmal
18.	viaje (el)	voyage	(the) trip	Reise (die)

Unidad 11 / Unité 11 / Unit 11 / Einheit 11

	Español	Français	English	Deutsch
1.	acordarse	se souvenir	to remember	sich erinnern
2.	desde	depuis	since	seit
3.	acomodador	ouvreur/euse	usher	Saaldiener (der)
4.	aproximadamente	à peu près	approximately	ungefähr
5.	¡cómo eres!	«toi alors!»	you're incredible!	Na so etwas!
6.	cliente/a	client/e	customer	Kunde (der)
7.	disco (el)	disque	(the) record	Schallplatte (die)
8.	fiesta (la)	fête	(the) party	Fest (das)
9.	hotel (el)	hôtel	(the) hotel	Hotel (das)
10.	inspector/a	inspecteur/trice	inspector	Inspektor(der)
11.	nadie	personne	nobody	niemand
12.	negocio (el)	commerce	(the) business	Geschäft(das)
13.	nevera (la)	le réfrigérateur	refrigerator	Kühlschrank (der)
14.	ninguno/a	aucun/e	none	keiner, keine, keines
15.	regalar	faire cadeau de	to give	schenken
16.	reunión (la)	réunion	(the) meeting	Versammlung(die)
17.	visitar	rendre visite, visiter	to visit	besuchen
18.	visita (la)	visite	(the) visit	Besuch (der)

Unidad 12 / Unité 12 / Unit 12 / Einheit 12

	Español	Français	English	Deutsch
1.	conocer	connaître	to know	kennen .
2.	chico/a	garçon/fille	boy/girl	Junge (der)
3.	¿de parte de quién?	de la part de qui?	who's calling?	In wessen Namen?
4.	difícil	difficile	difficult	schwierig
5.	etiqueta (la)	étiquette	(the) label	Etikett (das)
6.	éxito (el)	succès	(the) success	Erfolg (der)
7.	extranjero/a	étranger/ère	foreigner	Ausländer(der)
8.	importar	importer	to be important	von Bedeutung sein
9.	¡no importa!	aucune importance!	never mind!	Das macht nichts!
10.	interesante	intéressant	interesting	interessant
11.	lotería (la)	loterie	(the) lottery	Lotterie(die)
12.	maleta (la)	valise	(the) suitcase	Koffer(der)
13.	momento (el)	moment	(the) moment	Moment (der)
14.	un momento, por favor	un moment, s'il vous plaît	one moment, please	Einen Moment, bitte!

GLOSARIO   GLOSSAIRE   GLOSSARY   VOKABULAR

15. Navidad (la)	15. Noël	15. (the) Christmas	15. Weihnachten(die) ....
16. paro (el)	16. chômage	16. (the) dole	16. Arbeitslosigkeit(die) ....
17. perro/a	17. chien/chienne	17. dog/bitch	17. Hund (der), Hündin(die) ....
18. próximo/a	18. proche, prochain/e	18. next	18. der, die, das nächste ....
19. recado (el)	19. message	19. (the) message	19. Nachricht(die) ....
20. ¡sigamos!	20. poursuivons	20. let's continue!	20. Gehen wir weiter! ....
21. suerte (la)	21. chance	21. (the) luck	21. Glück (das) ....
22. por suerte	22. par chance	22. by chance	22. glücklicherweise ....
23. tocar	23. toucher, gagner (loterie) ..	23. to touch	23. berühren,spielen ....
24. tocar la lotería	24. gagner à la loterie	24. to win the lottery	24. in der Lotterie gewinnen ..
25. ¡vaya!	25. «allons bon»	25. well	25. Wie schade! So etwas! ....
26. ¡vaya por Dios!	26. «il ne manquait plus que ça»	26. well never!	26. Um Gotteswillen! ....

Unidad 13   Unité 13   Unit 13   Einheit 13

1. a menudo	1. souvent	1. often	1. oft ....
2. alimentación	2. alimentation	2. (the) food	2. Ernährung(die) ....
3. andar	3. marcher	3. to walk	3. gehen ....
4. baile (el)	4. la danse	4. (the) dance	4. Tanz (der) ....
5. bastante	5. assez	5. enough	5. ziemlich, genügend ....
6. cajetilla (la)	6. boîte	6. (the) packet	6. Päckchen (das) ....
7. campo (el)	7. la campagne	7. (the) countryside	7. Land(das) ....
8. ciudad (la)	8. ville	8. (the) town	8. Stadt (die) ....
9. demasiado	9. trop	9. too much	9. allzu, zu viel ....
10. disfrutar	10. profiter de	10. to enjoy	10. geniessen ....
11. fumar	11. fumer	11. to smoke	11. rauchen ....
12. gente (la)	12. les gens	12. (the) people	12. Leute (die) ....
13. gimnasia (la)	13. gymnastique	13. (the)gymnastics	13. Gymnastik (die) ....
14. joven	14. jeune	14. young	14. jung ....
15. marchar	15. marcher	15. to go	15. marschieren ....
16. ¡menos mal!	16. heureusement!	16. that's a relief!	16. Gott sei Dank! ....
17. montaña (la)	17. montagne	17. (the) mountain	17. Berg(der) ....
18. ¡no me digas!	18. «pas possible!»	18. you don't say	18. Das kann ich gar nicht
19. paisaje (el)	19. paysage	19. (the) scenery	glauben! ....
20. pasear	20. se promener	20. to walk	19. glauben!
21. pescar	21. pêcher	21. to fish	20. Landschaft(die) ....
22. ¡qué pena!	22. quel domage!	22. what a shame!	21. spazierengehen ....
23. ¡qué mala suerte!	23. quelle malchance	23. what bad luck!	22. fischen ....
24. ¡qué rollo!	24. «¡quelle barbe!»	24. what a drag!	23. (Wie)schade! ....
25. reaccionar	25. réagir	25. to react	24. Das ist aber ein Pech! .....
26. río (el)	26. fleuve	26. (the) river	25. Wie langweilig! ....
27. rodear	27. entourer, ceinturer	27. to surround	26. reagieren ....
28. siempre	28. toujours	28. always	27. Fluss (der) ....
29. tranquilidad (la)	29. tranquillité	29. (the) calmness	28. umgeben ....
30. vida (la)	30. vie	30. (the) life	29. immer ....
			30. Ruhe(die) ....
			Leben (das) ....

Unidad 14   Unité 14   Unit 14   Einheit 14

1. to park	1. se garer	1. parken	1. aparcar ....
2. (the) competition	2. compétition	2. Wettbewerb (der)	2. competición (la) ....
3. it doesn´t matter!	3. aucune importance, ça	3. Macht nichts!	3. ¡da igual! ....
	m'est égal		
4. (the) fact	4. renseignement	4. Angabe (die)	4. dato (el) ....
5. to leave	5. laisser	5. lassen	5. dejar ....
6. it depends!	6. cela dépend	6. Das hängt davon ab!	6. ¡depende! ....
7. to be in shape	7. être en forme	7. fit sein	7. estar en forma ....
8. you must	8. il faut	8. man muss	8. hay que ....
9. to sign on	9. s'inscrire	9. sich einschreiben	9. matricular (se) ....
10. (the) medal	10. médaille	10. Medaille (die)	10. medalla (la) ....

GLOSARIO

11.	miedo el
12.	multa (la)
13.	mundo (el)
14.	todo el mundo
15.	¡no hace falta!
16.	pista (la)
17.	prohibir
18.	región (la)
19.	rellenar
20.	reservar
21.	robar
22.	secretaría (la)
23.	sobre (el)
24.	también
25.	trofeo (el)

Unidad 15

1.	animado/a
2.	artista (el/la)
3.	cajón (el)
4.	delito (el)
5.	de pronto
6.	de repente
7.	descubrir
8.	detener
9.	¡fatal!
10.	guardar
11.	intentar
12.	ladrón/a
13.	luchar
14.	mejor
15.	ministerio (el)
16.	ministro/a
17.	morir
18.	movimiento
19.	muerte (la)
20.	obra (la)
21.	política (la)
22.	polución (la)
23.	presidente/a
24.	¡qué bien!
25.	retirar (se)
26.	seguro/seguramente
27.	tanto como

GLOSSAIRE

11.	la peur
12.	amende
13.	monde
14.	tout le monde
15.	ce n'est pas la peine
16.	piste
17.	interdire
18.	région
19.	remplir
20.	réserver
21.	voler
22.	secrétariat (le)
23.	l'enveloppe
24.	aussi
25.	trophée

Unité 15

1.	animé/ée
2.	artiste
3.	tiroir
4.	délit
5.	soudain
6.	soudainement
7.	découvrir
8.	arrêter
9.	horrible!
10.	garder
11.	essayer
12.	voleur/euse
13.	lutter
14.	mieux
15.	ministère
16.	ministre
17.	mourir
18.	mouvement
19.	mort
20.	l'oeuvre, les travaux
21.	politique
22.	pollution
23.	président
24.	très bien!
25.	se retirer
26.	sûr/sûrement
27.	aussi... que

GLOSSARY

11.	(the) fear
12.	(the) fine
13.	(the) world
14.	everybody
15.	there's no need!
16.	(the) clue
17.	to forbid
18.	(the) region
19.	to fill in
20.	to reserve
21.	to rob
22.	(the)secretary
23.	(the)envelope
24.	also
25.	(the) trophy

Unit 15

1.	lively
2.	(the) artist
3.	(the) drawer
4.	(the) crime
5.	suddenly
6.	unexpectedly
7.	to discover
8.	to arrest
9.	terrible
10.	to keep
11.	to try
12.	thief
13.	to fight
14.	better
15.	ministry
16.	minister
17.	to die
18.	movement
19.	(the) death
20.	(the) work
21.	politics
22.	pollution
23.	chairman
24.	jolly good!
25.	to retire
26.	sure/surelly
27.	as much as

VOKABULAR

11.	Angst
12.	Geldstrafe (die)
13.	Welt (die)
14.	die ganze Welt, alle
15.	Das ist nicht notwendig!
16.	Spur (die), Bahn(die)
17.	verbieten
18.	Gebiet (das)
19.	ausfüllen
20.	reservieren
21.	stehlen
22.	Sekretariat (die)
23.	Briefumschlag (der)
24.	auch
25.	Trophäe(die)

Einheit 15

1.	belebt, lebhaft
2.	Künstler(der)
3.	Lade (die)
4.	Straftat (die)
5.	plötzlich
6.	plötzlich, auf einmal
7.	entdecken
8.	festhalten
9.	Schlecht!
10.	bewahren, aufbewahren
11.	versuchen
12.	Dieb (der)
13.	kämpfen
14.	besser
15.	Ministerium(das)
16.	Minister (der)
17.	sterben
18.	Bewegung (die)
19.	Tod (der)
20.	Werk(das)
21.	Politik(die)
22.	Verschmutzung(die)
23.	Präsident(der)
24.	Wie gut!
25.	(sich)zurückziehen
26.	sicher
27.	soviel wie

VEN 1
CLAVE DEL LIBRO DE EJERCICIOS

UNIDAD 1

1.
1. ¿Cómo te llamas?
2. ¿Qué haces?
3. ¿De dónde eres?
4. ¿Dónde vives/trabajas?
5. ¿Eres andaluza?
6. ¿Qué haces?
7. ¿Eres catalán?
8. ¿Dónde vives/trabajas?
9. ¿Cómo te llamas?
10. ¿De dónde eres?

2. 1.¿Eres...? 2.En../..en 3.¿Qué../..profesora? 4.¿Cómo../..Me?

1.
1. alemán
2. italiana
3. inglés
4. alemana
5. francés
6. italiano
7. española
8. francesa
9. norteamericana

4. 1. eres...Soy de 2. haces...Soy 3. te llamas 4. vives

5. SEVILLA   BILBAO   LA CORUÑA

UNIDAD 2

1.
— Lola es boliviana
— Lola es directora de banco
— Lola vive en La Paz
— Lola trabaja en La Paz
— Pedro Rentería es argentino
— Pedro Rentería es abogado
— Pedro Rentería trabaja en Buenos Aires
— Pedro Rentería vive en Buenos Aires

2.
1. ¿Cómo se llama ...?
2. ¿De dónde es ...?
3. ¿Qué hace Vd.?
4. ¿Dónde vive Vd.?

3.
1 A. **Buenos** días, señor Barreiro, ¿cómo **está** usted?
   B. **Muy bien**, ¿y **usted**?

2. A. **¿Es** usted periodista?
   B. No, **soy** abogado.

3. A. **¿Trabaja** usted en Lima?
   B. Sí, eso es.

4. A. ¿Cuál es **su** número de teléfono, señor Castro?
   B. Es el 254 48 21

5. A. ¿Es **usted** enfermera?
   B. **No**, soy periodista.

4.
María vive en Puerto Rico
nosotros somos estudiantes
él se llama Antonio Henríquez
Juanjo es argentino
ellos son profesores

5.
cinco	cero
cuatro	uno
nueve	dos
ocho	seis
siete	tres

6.
A. Hola, ¿qué tal?
B. Buenos días, ¿qué tal?

8.
1. ¿dónde vive (usted)?
2. ¿es (usted) de Madrid?
3. ¿está (usted) de vacaciones?
4. ¿es (usted) estudiante de español?
5. ¿trabaja (usted) en un banco?
6. ¿estudia (usted) en España?

9.
1. Guadalupe es mexicana también
2. Lucía es salvadoreña también
3. Tamara es venezolana también
4. Perla es cubana también
5. Delia es panameña también
6. Patricia es hondureña también

10.
1. No sé cómo se llama usted
2. Creo que es mexicano
3. Sí, claro, soy economista
4. Carlos Pérez
5. No, soy diseñadora de muebles
6. ¿Cuál es su profesión, señor?
7. Soy profesor en la universidad
8. Me llamo Marisa Ortiz
9. No, yo soy Carmen
10. Soy de Bogotá

	NACIONALIDAD	PROFESIÓN	NOMBRE
1			X
2	X		
3		X	
4			X
5		X	
6		X	
7		X	
8			X
9			X
10	X		

UNIDAD 3

1.   A-F   B-F   C-V   D-V   E-V

2.
1. es moderna
2. grande
3. interior
4. tranquila
5. caliente
6. fea

3. segundo tercero
quinto sexto
octavo cuarto
primero séptimo
noveno décimo

5. El salón es pequeño.
La lavadora es antigua.
Los sillones están aquí.
El cuarto de baño está a la izquierda
Las sillas son cómodas.

6. 1. está ... del
2. A. ¿Dónde ... ?   B. Al ... del
3. A. ¿Cuántos ... tiene ... ?   B. tres
4. está ... del
5. de la
6. primer
7. El ... está ... de la ...

7. a) **La** habitación **de** Juan está **al** lado **de la** cocina.
b) **Los** muebles **del** salón son antiguos.
c) ¿Cómo se llama **la** camarera **del** bar?
d) **Los** libros están encima **de las** sillas.
e) **El** cuarto **de** baño está **a la** izquierda **de la** cocina.

8. 1. tiene
2. trabaja
3. son
4. pongo
5. está
6. vive
7. estudian

10. 1. Es antiguo
2. Son pequeñas
3. Es cómodo
4. Son modernos
5. Es grande
6. Es tranquilo
7. Es incómodo

11. A la izquierda del recibidor está el dormitorio de Rosa. Es grande y bonito pero ruidoso, y en verano es caluroso. Tiene tres estanterías con libros. La radio está en la mesita, a la derecha de la lámpara.

12. Holanda **2** México **3**
U. Soviética **1** Francia **0**
Italia **3** Argentina **2**
España **1** Rumanía **1**
R.F. Alemania **0** R.P. China **2**

13. Transcripción

Piso 1

Lupe: Buenos días, ¿puede decirme el precio del piso que anuncia en el periódico?
Vendedor 1: Sí, por supuesto, son 25 millones de pesetas.
Lupe: ¡Oh!... ¡es muy caro!
Vendedor 1: Se trata de un piso muy bueno, con cinco habitaciones, todo exterior y céntrico.
Lupe: Gracias, lo pensaré.

Piso 2

Lupe: Buenos días, llamo por lo del piso.
Vendedor 2: Sí, mire, tiene dos habitaciones, es exterior y además está muy bien de precio. Son doce millones.
Lupe: No está mal, pero es un poco pequeño para nosotros. Muchas gracias.

Piso 3

Lupe: Oiga...
Vendedor 3: Sí, dígame
Lupe: ¿Es la Inmobiliaria «Casas baratas»?
Vendedor 3: Sí, tenemos pisos en muy buenas condiciones.
Lupe: Necesito uno no muy grande y que no sea muy caro.
Vendedor 3: Tenemos uno de tres habitaciones que vale trece millones.
Lupe: ¿Es exterior?
Vendedor 3: No, da a un patio, pero tiene mucha luz.
Lupe: Creo que me interesa... Gracias, volveré a llamar.

Clave:

	Número de habitaciones	precio en millones	¿exterior o interior?
Piso 1	5	25	exterior
Piso 2	2	12	exterior
Piso 3	3	13	interior

UNIDAD 4

1. 1. A. hay
   B. Coge ... sigue
2. está
3. A. va
   B. Sigue ... coge
4. A. voy
   B. Coges ... bajas ... vienes ... está

2. 1. Las dos y media
2. Las seis y diez
3. Las cuatro y cuarto
4. Las diez y diez
5. Las siete menos veinte
6. Las once (en punto)

3.

37	Treinta y siete	328	Trescientos veintiocho
22	Veintidós	1.150	Mil ciento cincuenta
75	Setenta y cinco	8.877	Ocho mil ochocientos setenta y siete
100	Cien	16.932	Dieciséis mil novecientos treinta y dos
156	Ciento cincuenta y seis	25.550	Veinticinco mil quinientos cincuenta

4. 1. Vamos
2. vengo
3. cierran
4. venís

5.

voy	va	vamos
sigo	sigue	seguimos
cojo	coge	cogemos
cierro	cierra	cerramos
vengo	viene	venimos

6. 1. en
2. de
3. a
4. en
5. del

7.

1-e) 8.15	2-c) 7.50	3-a) 11.45
4-b) 3.40	5-d) 12.10	6-f) 4.05

8. ¡Claro que sí! ¿Cómo se va?
Y, ¿dónde vives exactamente?
¿A qué hora voy?
De acuerdo. Hasta luego.

UNIDAD 5

1. 1. A. quieres
   B. bocadillo de
   A. Y de
   B. caña de
2. A. primero
   B. Filete
3. A. ¿Cuánto es?
4. A. un café
   A. Solo/Con leche

2. (Muchas combinaciones posibles). Ejemplos:

A ella le gustan las gambas.
A Juan le gusta leer.
A mí me gusta el jamón.
A ti te gusta ver la tele.
A Elena le gustan los deportes.

3. 1. coge **coja**
2. abre **abra**
3. **come** coma
4. haz **haga**
5. **cierra** cierre
6. **habla** hable
7. cállate **cállese**
8. **repite** repita
9. dame **deme**

4. 1. quieren
2. Puede
3. Quieres/puedes
4. Puede
5. Puede
6. Quieres

5. 1. A él le gusta bastante el jamón.
2. A ti no te gustan nada las aceitunas.
3. A mí me gusta mucho la cerveza.
4. A ella le gustan mucho los helados.
5. A él le gustan bastante las patatas fritas.
6. A mí no me gusta nada la carne.
7. A ella no le gusta mucho el pescado.

6. Transcripción:

1. Pónganos dos cañas bien fresquitas, por favor.
2. ¿Quieren ustedes la carne muy hecha?
3. Lo siento, no tenemos fresas.
4. Ahora mismo... ¡Que sean dos bocadillos de queso!
5. El menú del día cuesta 850 pesetas... Si prefieren, pueden comer a la carta.
6. Una ración de calamares, una de champiñones y tres vinos, por favor.

7. ¿Cuánto es?

8. De segundo, cordero con una buena ensalada.

9. Lo siento, no nos quedan pinchos de tortilla. ¿Quieren uno de jamón?

10. La cuenta, por favor.

Clave:

	1	2	3	4	5	6	7	8	9	10
Bar	X			X		X	X		X	
Restaurante		X	X		X			X		X

7.
1. ¡Abre la ventana!
2. ¡Ponme una caña!
3. ¡Haz la comida!
4. ¡Cierra la puerta!
5. ¡Habla más bajo!
6. ¡Pon la tele!
7. ¡Llama a las siete!

8.
1. ¡Abra la ventana!
2. ¡Póngame una caña!
3. ¡Haga la comida!
4. ¡Cierre la puerta!
5. ¡Hable más bajo!
6. ¡Ponga la tele!
7. ¡Llame a las siete!

UNIDAD 6

1.
1. tiene
2. es
3. Tiene
4. tiene
5. es
6. es

2. Ejercicio libre; sugerencia:

«Es gorda y fea. Es morena. Tiene los ojos oscuros y el pelo liso y corto. Lleva gafas. Es antipática y muy seria...»

3.
1. te levantas
2. vas
3. empiezas
4. comes
5. sales
6. A. cenas ...

B. acuesto

4.
1. sus
2. A. tus/sus
   B. tu/su
3. mi
4. mi
5. mis

5. Ejercicio libre; sugerencia:

«Miguel estudia segundo de Medicina. Va a la Facultad por la mañana. Juega al tenis. Estudia francés. Le gusta el cine. Le gusta leer novelas».

6.
1. Jaime tiene cuatro nietos.
2. Mª Luisa es madre de Ana.
3. Fernando está casado con Ana.
4. Ana es la mujer de Fernando.
5. Javier es tío de Patricia.
6. Belén sólo tiene un hijo.
7. Patricia es la hija mayor de Fernando.
8. David tiene dos hermanas.
9. Bárbara es prima de Oscar.
10. Oscar no tiene hermanos.

7. Transcripción:

Rosa, ¿qué tengo para esta tarde?

Esta tarde tiene cita con el dentista, a las cinco y media.

Muy bien. Y, ¿cuándo veo al señor Gutiérrez?

El jueves por la mañana a las nueve y cuarto. El jueves por la tarde tiene otra cita con nuestro abogado, no lo olvide.

Ah, sí. Y para el miércoles, ¿tengo algo?

Espere..., sí. A las diez y media tiene que hablar con el director del Banco Continental.

¡Vaya! Entonces, ¿puedo salir de viaje el viernes?

No, no puede. Ese día hay una reunión de jefes de departamento a las doce.

Bueno, pues salgo de viaje el sábado. Apúntelo, por favor.

Muy bien, ya está.

Clave:

Miércoles	— mañana — 10,30 —	Director del Banco Continental
Jueves	— mañana — 9,15 —	Sr. Gutiérrez
Jueves	— tarde —	Abogado
Viernes	— mañana —12,00 —	Reunión de Jefes de Departamento
Sábado	—	Viaje

8. Y dime, ¿cuántos **hermanos tienes**?

Bueno, no **tengo** hermanos, sólo **tengo hermanas**. Somos **tres**.

¿Dónde **vivís**?

La mayor **vive en** Barcelona. Está **casada con un** industrial catalán.

Tiene un bebé muy **guapo**. La pequeña y yo **vivimos** en Bilbao. **Trabajamos en** la misma compañía aérea.

¿Vosotras **estáis casadas**?

Mi hermana **está soltera**. Es muy joven. Tiene **21 años**.

¿**Y tú**?

Bueno, yo estoy **divorciada**. No tengo **hijos**.

9. **Transcripción**   **Clave**

1. ¿Cuántos años tiene David?   Tiene ocho años.

2. Oye, y Mª Luisa, ¿es muy mayor?   Sí, tiene setenta años.

3. Oscar tendrá un año, ¿no?   No, tiene dos años.

4. Iñaki tiene más de cuarenta años, ¿verdad?   Sí, tiene cuarenta y tres (años).

5. Oye, y Javier, ¿cuántos años tiene?   Tiene veintisiete años.

6. Arancha es bastante joven, ¿verdad?   Sí, tiene diecinueve años.

7. ¿Felisa tiene cuarenta años?   No, tiene treinta y nueve (años).

UNIDAD 7

1. 1. Sí, me lo llevo.
2. Sí, me los llevo.
3. Sí, me la llevo.
4. Sí, me la llevo.
5. Sí, me los llevo.
6. Sí, me lo llevo.

2. 1. ... me gustan los cortos.
2. ... le gustan los baratos.
3. ... le gustan los pequeños.
4. ... le gustan los incómodos.
5. ... les gustan las lisas.

4. Horizontales: pera/aceitunas/jamón/atún/queso
Verticales: manzana/patatas/leche/tomate/limón

5. • Buenos días, señora, ¿qué desea?
— Buenos días. Quiero dos **kilos de patatas** y un **kilo** de cebollas.
• Aquí tiene. ¿Algo más?
— Sí, quiero también fruta: un **kilo de peras** y otro de **manzanas**.
• Ya está. ¿Qué más?
— Un **bote de aceitunas**, dos **latas de atún** y una **docena de huevos**.
• Tenga, ya está todo.
— Un momento, se me olvidaba, una **botella de** vino y un **cuarto de jamón**.

9. 1. No lo quiere
2. No la abro
3. No la pagas
4. No lo pide
5. No los compro

UNIDAD 8

1. 1. Estoy viendo
2. Están jugando
3. está comiendo
4. está estudiando
5. Estoy leyendo

2. A. Vienes
B. Lo siento,... tengo que
A. Venga
B. Vale

4. 1-F   2-V   3-F   4-V

5. ENERO JUNIO AGOSTO SEPTIEMBRE MAYO MARZO
DICIEMBRE FEBRERO ABRIL JULIO OCTUBRE NOVIEMBRE

6. 1-te 2-la 3-la 4-lo 5-lo 6-os 7-te ... te 8-me

9. A-1,4   B-5   C-3,6   D-2

UNIDAD 9

2. 1. Dentro de
2. que viene
3. En invierno
4. mañana
5. Ahora
6. En otoño

3. 1-b   2-f   3-e   4-a   5-c   6-d

4. 1. En primavera la temperatura es agradable.
2. En invierno todos los domingos voy a esquiar.
3. Me gusta tomar el sol.
4. En verano bebo muchos refrescos.
5. Hoy hace viento y está nublado.

5. a)-no   b)-creo que sí   c)-sí   d)-creo que no   e)-no sé

6. 1-llueve   2-hace viento   3-hay niebla
4-hay nieve   5-hace sol   6-hace frío

UNIDAD 10

1. 1-ha venido   2-ha visitado   3-estuve   4-Has visto
5-me he levantado ... fui   6-Ha llegado
7-he leído   8-ha puesto   9-he hecho 10-fui

2. — Esta tarde he visitado a María.
— El año pasado estuve en Perú.
— Esta mañana me he levantado pronto.
— Este mes he cobrado menos.
— Ayer fui al cine.
— Nunca he visto un extraterrestre.

3. 1-ya   5-El año pasado
2-Esta mañana   6-nunca
3-Ayer   7-Anoche
4-todavía   8-Hace dos años

4. 1-SÍ   2-NO   3-NO   4-NO   5-SÍ   6-NO

6. 1. ¡Ya lo he escuchado!
2. ¡Ya la he visitado!
3. ¡Ya las he hecho!
4. ¡Ya los hemos terminado!
5. ¡Ya las he abierto!

UNIDAD 11

1. TENER tuve-tuvo   OÍR oí-oyó   HACER hice-hizo
IR fui-fue   LLEGAR llegué-llegó

2. 1. estoy   2. es - es   3. está
4. está   5. Es - soy   6. está

3. 1-fui   2-estuve   3-hice
4-tuve   5-vi

4. — ¿Qué te pasa?
— Estoy cansada. Es que **estuve** ayer en Burgos. **Fui**
en tren. Me **levanté** a las 6,30 para coger el tren
de las 8, pero **llegué** tarde.
— Y, ¿qué hiciste?
— Bueno, pues **tuve** que esperar al tren de las 10,30
y antes de llegar a Burgos se paró. Total, que no
llegamos hasta la hora de comer. Sólo **tuve**
tiempo de visitar la catedral, dar un paseo y
comprar algunas postales.

5. — No hay **nadie** sentado en las mesas.
— Las mesas están **vacías**.
— No me gusta **nada**. No hay **ningún** cuadro en las
paredes. Las cortinas están **viejas**.
— **Algunos** clientes entran y miran, pero **ninguno**
se queda. Todos se van al «Don Francisco».
— Los camareros están **aburridos**. No tienen trabajo
ni propinas.
— El dueño está **triste**. No tiene clientes ni dinero.
— **Algunos** manteles están **rotos**, otros están
sucios.

7. 1. ¿**A** qué hora llegaste **a** casa anoche?
2. ¿**Con** quién hablas?
con María.
3. Todos los días trabajo **desde** las ocho **hasta** las
dos.
4. ¿**Has** ido **a** casa **de** tu amigo?
No, todavía no.
5. Te he llamado **desde** el aeropuerto y no me has
contestado.
Es que he estado **en** una reunión importante **a** las
3 de la tarde.

8. tuvo ... Se levantó ... salió ... Se fue ... llegó ...
tuvo ... está ... sabe ... ha llamado ... dice ...
ha venido ... tiene ...

10. 1. Fuimos a la Embajada.
2. Asistí a una reunión.
3. Fui de compras.
4. Estuve en una comida de negocios.
5. Vimos una película en la tele.

UNIDAD 12

1. 1-podré   2-tendrá   3-pondremos
4-terminará   5-haréis .... iremos.

2. 1. No sé lo que ha pasado.
2. ¿Sabes a qué hora llegará tu madre?
3. ¿Sabes cómo estará Pepe?
4. No sé dónde están mis llaves.
5. ¿Sabes por qué está de mal humor?

3. 1-Has estado, iré   2-se fue, volverá   3-tuve
4-podré   5-Has terminado   6-vendrá

4. Conserje: Biblioteca de la Universidad, ¡**Dígame**!
Elena: Por favor, ¿**está** el Sr. Ramírez?
Cons: Espere **un momento**. No sé **si ha llegado**. ¿Oiga? No está.
Elena: ¿Sabe **si vendrá** esta mañana?
Cons: No señorita, no lo sé.
Elena: Gracias, **llamaré** más tarde.

5. Locutor: **Dentro de unos** minutos **oirán** Vds. una entrevista con Severiano Caballero, una de **las principales** figuras del golf mundial.

¡Buenos días!, Sr. Caballero. Enhorabuena por **su victoria** en el trofeo de Inglaterra. ¿Qué proyectos tiene Vd. **para el futuro?**
S. Caballero: **En otoño** empezaré una gira por EE.UU., jugaré siete torneos.
Locutor: Será un año muy agitado. ¿**Lo acompañará** su mujer?
S. Caballero: Sí, **vendrá** conmigo a algunas ciudades y luego **volverá** a España.
Locutor: Y, ¿cuándo **podremos verlo** en España?
S. Caballero: El año **que viene**, en primavera, **iré** a Mallorca para participar en una importante competición.

UNIDAD 13

1.

TENER	tenía	tenías
SALIR	salía	salías
HACER	hacía	hacías
VIAJAR	viajaba	viajabas
IR	iba	ibas
COMER	comía	comías
ESTAR	estaba	estabas

2. 1. trabajaba ... tenía ... trabajo ... estoy
2. era ... tenía
3. se levantaban ... están ... se levantan
4. era ... hacía ... tengo
5. viajaba ... viaja
6. vivíamos ... vivimos

3. 1-c
2-d
3-a
4-e
5-b

4. Cuando **estaba** de vacaciones, me levantaba tarde. **Por la mañana** iba **todos los días** a la playa a bañarme, después subía a casa para comer y echaba la siesta. **Por la noche** salía después de cenar, **iba a la discoteca** o a sentarme en una terraza con mis amigos. **A veces** me quedaba en casa y **leía** un rato en la cama.

11. a)-tenía, trabajaba   b)-iba, va
c)-se levantaba, se levanta   d)-comía, estaba
e)-iba, tengo

UNIDAD 14

1. (NO) SE PUEDE adelantar   (NO) SE PUEDE entrar con perro

(NO) SE PUEDE fumar   HAY QUE parar
HAY QUE mantener limpia la ciudad   (NO) SE PUEDE cruzar
(NO) SE PUEDE girar a la izquierda   (NO) SE PUEDE girar al la derecha

2. 1-tienes que   2-hay que   3-hay que   4-tienes que
5-hay que   6-tiene que   7-hay que

3. Pepe: ¡Hola, Manuela! ¿Qué **haces aquí**?
Manuela: ¿Qué tal, Pepe?, **vengo** a hacer pesas.
Pepe: ¡Qué casualidad! Yo **vengo a hacer** Kárate. **Estoy** aprendiendo y es muy divertido.
M: ¿Cuántas veces vienes **a la semana**?
P: Vengo los **lunes**, miércoles y **viernes**, de seis a siete. ¿Y tú?
M: Yo vengo **todos los días**. Después podemos ir a tomar **un café**, ¿quieres?
P: Bueno, **vale**, quedamos aquí **dentro de** una hora.
M: **Hasta luego**.

4. Si compro huevos, tendré pollitos y gallinas
Si vendo las gallinas, compraré ovejas
Si tengo ovejas, seré rica
Si soy rica ...

5. 1-Me   2-les   3-Os   4-Nos   5-le   6-Me
7-la   8-Me   9-lo   10-os   11-te   12-se
13-la   14-le

6. 1. Pues sí, ¿por qué no?   1.B Pués sí, ¿por qué no?
2. Depende   2.B Depende
3. No hace falta   3.B No hace falta
4. ¡Qué pena!   4.B ¡Qué pena!
5. ¡Qué va!   5.B ¡Qué va!
6. De acuerdo   6.B De acuerdo

9. Transcripción:

1. ¿Dónde tiene que poner el alumno sus datos? ....
2. ¿Dónde se realizan los pagos de matrícula? ....
3. ¿Qué idiomas se enseñan en la academia Babel? ....
4. ¿Qué edad tienen los alumnos del curso elemental? ....
5. ¿Quién puede estudiar el español? ....
6. ¿Qué edad tienen los alumnos del curso avanzado? ....
- ¿Qué tipos de curso se imparten en la academia Babel? ....

Clave:

1. En el sobre
2. En el Banco
3. Inglés, francés, alemán, italiano y español
4. De 12 a 16 años
5. Sólo los extranjeros
6. Desde los 16 años
7. Intensivo y normal

2. 1-estábamos - oímos 2-vivía, iba 3-tenía, compraron 4-iba - tuvo 5-era, vivía 6-estaba, se cortó 7-estaba, me levantaba 8-fui, me acosté 9-vivía, visité 10-iba, robaron 11-estábamos, llegaron

3. Manuel de Falla **nació** en Cádiz en 1876. Cuando tenía 23 años su familia **se trasladó** a Madrid, donde **estudió** música con los maestros del momento. En 1907 **se fue** a París y allí **conoció** a Debussy, Ravel y Dukas. Cuando **volvió** a España, se instaló en Granada hasta 1939. Este año se trasladó a Córdoba (Argentina) y allí **murió** en 1946. Sus obras más conocidas son «La vida breve», «Noches en los jardines de España», «El sombrero de tres picos» y «La Atlántida» (incompleta).

4. 1-hizo, fui   4-vivías, eras, vivía
2-has llamado, he podido 5-trabajaba, trabajo
3-quieres, puedo

5. 1) Peor que   2) Tanto como   3) Menos que
2) Tanto como   5) Tanto como   6) Más que
7) Mejor qué

6. A. ¿Cuándo **empezó a estudiar** música?
B. **Cuando tenía** siete años, en el colegio de mi pueblo.
A. ¿Qué instrumento **le gustaba más**?
B. Al principio **me gustaban todos**, después elegí el piano.
A. ¿Cuándo **empezó** sus estudios en el Conservatorio de Madrid?
B. Cuando tenía 12 años, mis padres **se trasladaron** a Madrid y **me matriculé** en el Conservatorio.
A. Finalmente, ¿en **qué año** ganó su primer premio?
B. En 1987, cuando **todavía era estudiante** en el Conservatorio.

UNIDAD 15

1. | | | |
|---|---|---|
| ESTAR | estuve | estuvo |
| OÍR | oí | oyó |
| SER | fui | fue |
| IR | fui | fue |
| TENER | tuve | tuvo |
| LEER | leí | leyó |
| CASARSE | me casé | se casó |
| BEBER | bebí | bebió |

Amplía tus conocimientos leyendo en español

COLECCIÓN: "PARA QUE LEAS"

– Lecturas policíacas especialmente elaboradas para estudiantes de español lengua extranjera.
– 5 niveles de dificultad.
– Notas en español, alemán, francés, inglés.

Ya publicados	Nivel
• El hombre que veía demasiado • Muerte en Valencia	1
• Doce a las doce • ¿Dónde está la Marquesa?	2
• Lola • Una morena y una rubia	3
• Distinguidos señores • 96 horas y media en ninguna parte	4
• Do de pecho • Congreso en Granada	5

COLECCIÓN: "LEER ES FIESTA"

– Iniciación a la literatura de España y de América Latina.
– Textos auténticos, cortos e íntegros.
– Glosario español, alemán, francés e inglés.

Ya publicados

• Cosas que pasan
• España cuenta
• América Latina cuenta
• Ventana abierta sobre América Latina
• ¡A escena!
• Ventana abierta sobre España